【図説】江戸城の石垣

鈴木啓

歴史春秋社

序文

東京大学名誉教授　公益財団法人日本城郭協会評議員　工学博士　新谷　洋二

鈴木啓先生と初めてお目にかかったのは、平成十三年六月から開催された仙台城石垣修築工事専門委員会に、私が新たに委員長として任命されたときのことでした。当時、それ以前に先行して審議が行なわれていた仙台城跡石垣修復等調査検討委員会では、艮櫓《うしとらやぐら》の復元位置と基礎杭やⅠ期・Ⅱ期石垣の保存のあり方について意見が分かれ、検討課題として残されていました。専門委員会の委員の方々は以前の調査検討委員会のときからの方ばかりで、私だけが新人でしたので、全委員の意見を聴きながら、審議して、検討のうえ、出来る限り伝統的工法を取り入れて歴史的資産として立派な石垣にしたいと思いました。鈴木先生を始め、各委員は活発に鋭い発言をなさるので、当初大変苦労しましたが、時間を掛けて突っ込んだ議論をしていくと共に、石垣修築の現場の状態を調べて検討することにより次第に相互に理解し合えるようになり、方向性を見出だしました。すなわち、修築している石垣を保全し、Ⅰ期・Ⅱ期石垣を保存するため、Ⅲ期には存在しなかった艮櫓の復元を取り止めることを全員一致で合意することができました。この結果、国史跡の指定を受け、仙台城石垣修築工事は平成十六年三月に竣工式を迎えることができました。

この間、数多くの東北の城石垣の修復に長年関与されてこられた鈴木先生からは、実に経験豊かで、厳しく、的確な意見を述べて戴き、大変勉強になりました。

今回、先生が従来から志しておられた江戸城の石垣の研究成果を『図説　江戸城の石垣』として取り纏められたことは極めて素晴らしく、その情熱と努力に感服しております。

内容を拝見すると、江戸城の石垣について、史料・文献に基づいて研究され、長年の石垣調査・修築等の経験によって、数多くの写真・図面を駆使して、鋭い観察眼の下にきめ細かく分かりやすく解説されています。特に、文禄・慶長初期の積み方が見られる西拮橋門や下埋門の石垣写真の説明は、一般には行きにくい場所だけに魅力的な部分です。

私も長年、江戸城の石垣についてはかなり見学し、かつ発掘調査、修築等の体験から観察しておりますが、先生の著述から再認識することが多大な著作であると感心しており、研究者から初心者に至るまで、有益な作品であると思います。

平成二十五年六月

はじめに

室町時代の関東の武将太田道灌は、長禄元年（一四五七）江戸湾最奥の日比谷入江の台地に築城し、その城をそこの村名から千代田城と名付け、後江戸城に改めました。

明治元年（一八六八）には「皇居」と定め、「東京城」と称する明治天皇の勅書が出されました。

明治二年三月二十八日、再度の天皇の行幸に当たり、東京城を「皇城」と称する布告が出されました。明治二十一年十月皇居は「宮城」と改称されて国民は宮城遙拝を励行し、昭和二十三年再び「皇居」に改められました。

天正十八年（一五九〇）八月一日の徳川家康入城時は、日比谷村・桜田村・祝田村・千代田村などがありましたが、昭和二十二年三月の区の統合のとき麹町区と神田区を統合して千代田区が誕生しました。区名に異論がなかったのは、千代田は村と城にちなむ名称で、文字もやさしく言葉のひびきも美しいことから受け入れられた由です。そのような経緯もあり江戸城の別称は千代田城なのです。

武士の世界は御恩と奉公の関係で、主君は従者の土地・禄高を保障し従者は戦場で討死すれば加増され、卑怯なことがあれば取り潰されました。

家康が天下人（征夷大将軍）になった慶長八年（一六〇三）戦国時代は終わりを告げました。織田・豊臣・徳川政権の下《もと》、命令一つで定められた武器・兵力での従軍義務があり、これを「軍役」と言いました。定められた以上の兵士を率いて出陣するのが忠誠の証《あかし》で、その軍功で加増となります。戦争が終息した江戸時代、軍役が姿を変えて登場したのが「助《すけ》役《やく》」（お手伝い）です。

お手伝いには築城（江戸・大坂・名古屋城ほか）・寺社造営（日光・寛永寺・増上寺ほか）・河川改修（大和川・木曽川・利根川ほか）・警備役・火消役・日光祭礼役などがありました。助役に手違いがあれば、戦場での失態と同様改易《かいえき》（所領没収）・転封（左遷・栄転・加増・減封）となります。江戸城普請は北条氏の臣遠山景政が城代をつとめる支城だったため、新規築城に等しいものでした。

慶長九年（一六〇四）六月第一回の天下普請が着手されます。順に全大名を地方ごとに組分けし、千石夫（千石に一人の割合で人夫を負担）を動員します。転勤族の諸大名は割当よりはるかに多い人夫（百姓・足軽・仲間・下級武士）を出し、普請の出来栄えと早期竣工を競いました。そのため日雇い人足（鳶・木遣《きや》り・石伐《いしきり》・鍛冶）を雇い、石材調達など莫大な財力を投入しました。その結果十七世紀中頃国内随一の究極の総石垣の巨城が完成しました。

従者の主君に対する忠誠の証明は、敵の首をいくつ取るかにかかっています。古代以来継続し、南北朝・戦国期・織豊期にその極に達し、日本人は撫《な》で斬《ぎ》り（籠城した女・子供・動物すべてを斬首）に明け暮れました。軍記物や合戦図には、目をそむける行為のように描かれています。

徳川幕府の基本政策は、諸大名の軍事力と経済力を削減して平和を達成することで、二六〇年間見事に維持しました。残虐極まりない戦争を根絶して、江戸城の巨大で美しい石垣文化に置き替えたのです。

鎖国によって保たれていた平和は、幕末に欧米列強の開港要求が怒濤の外圧となって押し寄せ崩壊しました。しかしこれに正面から取り組む知恵と勇気が、かつての人夫つまり下級武士たちの子孫の中に宿っていました。石垣巧者は西国諸藩の武士たちで、江戸城石垣、特に高石垣と桝形石垣は西南雄藩に負うところが大でした。家康が描いた反乱・抗争の根絶は、五回の天下普請と参勤交代・大名夫人の江戸常住によって見事に達成されたのです。

国内随一の遺跡・文化財は、江戸城石垣によって代表されます。この石垣の意味と果した役割を評価し、その美しさ・力強さを世界に紹介したいと思います。

（二〇一三年五月十一日）

目次

図説 江戸城の石垣

石垣のみかた

1　石垣の歴史

石垣は土台・擁壁《ようへき》の役割があるので、自立のためには石材の重量と内圧（裏土の圧力）とのバランスが大切です。バランスを崩すと孕《はら》み・凹みが出ます。

直線の石垣は崩壊しやすいので、折り曲げて出角《ですみ》と入角《いりすみ》をつくれば大黒柱を立てたように強化されます。出角の技法が算木積み（図１）です。入角も同構造なので、高い強度があります（図２）。

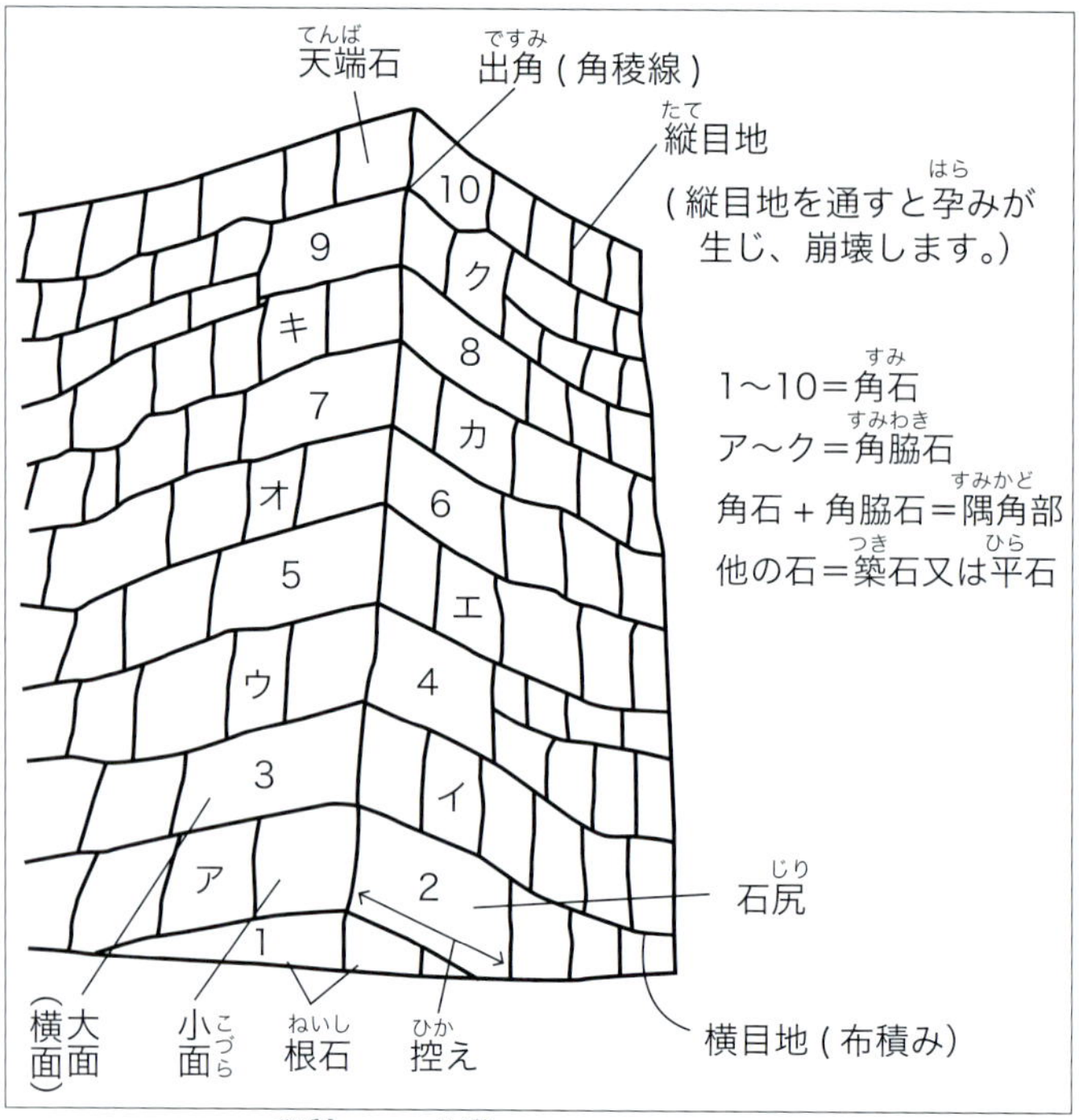

図１　算木積み（井楼《せいろう》積み、井桁《いげた》積みともいう）
角石の石尻を左右に引き分け、石尻を下へ角脇石が支えると、大黒柱のように丈夫な出角になります。

壁面の構造には、出角・入角を連続させる屏風《びょうぶ》折れがあり、これは敵を矢玉で側射するためですが、壁面強化の目的が大きいのです。

長い壁面を強化するためには、輪取りの方法があります。二つの櫓台石垣の間を、直線ではなく、内圧に耐えるため内湾させます。河川のアーチ式ダムと同じですが、石垣では四〇〇年も前から構築しています。壁面を鋭角に曲げるのは算木積みでもできますが、鈍角に曲げるのは算木積みではできず、一石で二面に切り、二面取りのく字状石材（角石）を造ります（図２）。

ここで石積みの土木史をふり返って

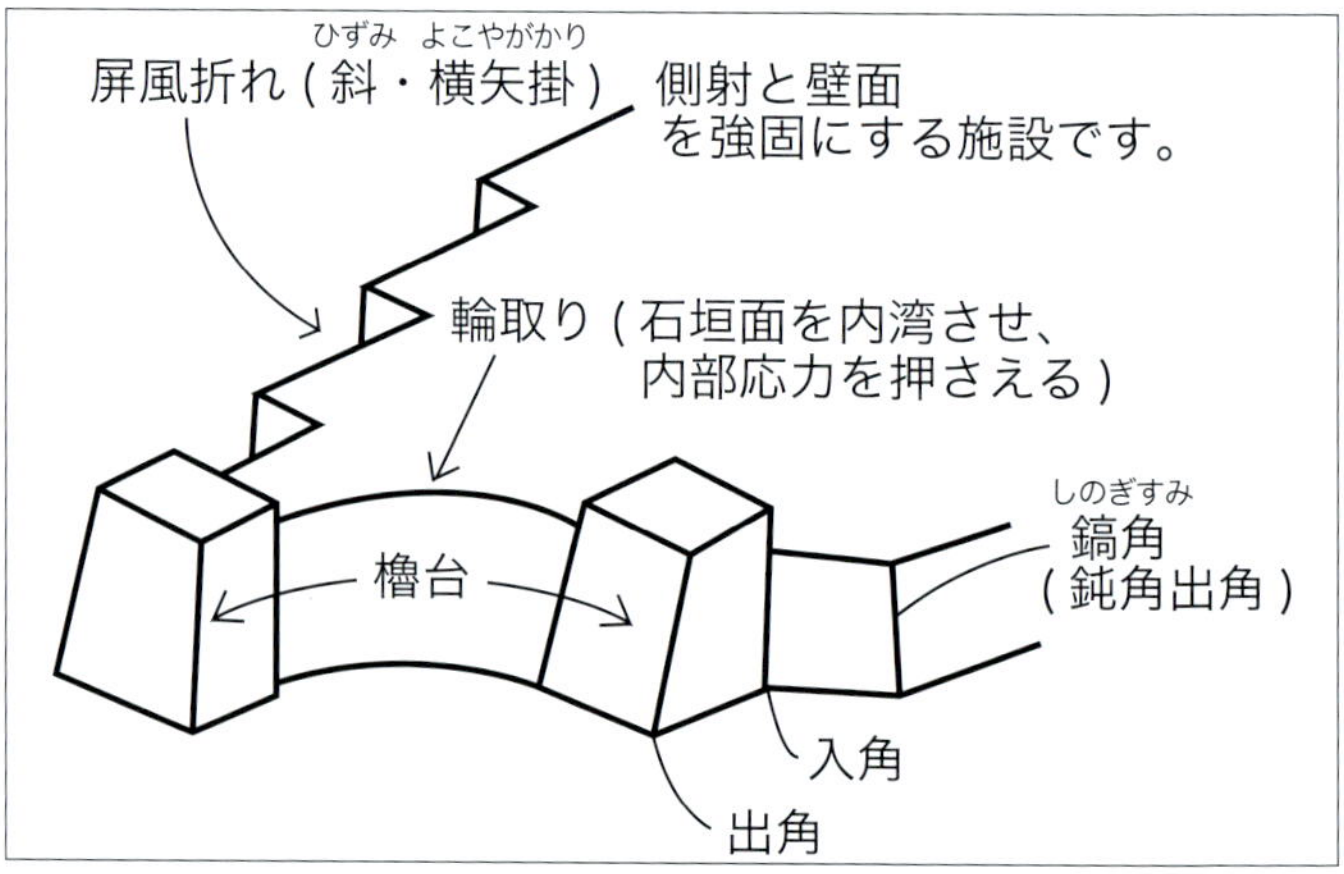

図２　櫓台と輪取り

みます。
古墳時代中期（五世紀）に横穴式石室が朝鮮半島から伝わり全国に普及します。自然石や切石で四面の壁を築き、天井に巨石を乗せて部屋を築きます。

1　**西拮橋門升形石垣**　自然石の布積崩しと乱積みの二段積みで、江戸城最古の穴太流石積みです。

飛鳥の石舞台《いしぶたい》古墳の天井石の一つは重量七ｔですが、どのように積み上げたのでしょうか。

七世紀に古墳は寺院に姿を変えます。石室を構築していた石工《せっく》たちは、寺院の基段積みや礎石・石塔造りの石工に変わり、天正四年（一五七六）織田信長が全山石積みの安土城を築く時、大津市坂本穴太《あのう》町（比叡山東麓、延暦寺里坊周辺）居住の石工（穴太衆）三〇〇人を集合させたと言います。信長は石垣に満足しこれを誇示しました。全国の大名たちは穴太の石工を招聘したため、広く穴太流の石積み（野面《のづら》積《つみ》・布積《ぬのづ》み崩《くず》し）が築かれました。これを穴太積みとも言います。

天智二年（六六三）白《はく》村江《すきのえ》の戦いで、日本（倭）軍は唐・新羅の連合軍に大敗し、新羅軍の襲来に備えて渡来人の技術で九州北部地方に大野城・基肄《きい》城・鞠智《きくち》城他を築きます。大規模な石垣を伴う朝鮮式山城で、優れた石積みの技術ですが、穴太流との関連は不明です。穴太氏（志賀穴太村主《あのうのすぐり》）は、漢氏系渡来氏族なので、石積み技術は大陸系の文化と考えられます。

大津市坂本穴太町に、唯一の穴太衆の末裔《まつえい》が居られます。大津市無形文化財保持者故粟田万喜三氏―粟田建設会長純司氏―同社長純徳氏三代です。十三代名匠万喜三氏は四百数十年前の穴太流の真髄を伝承して長年安土城石垣の修築を担当され、純司・純徳父子はその家訓を継ぎ、純司氏は平成二十一年九月二日認定の文化財石垣保存技術協議会の代表です。現在も「穴太衆石積　阿波屋喜兵衛」の暖簾《のれん》を掛けて居られます。

家訓（口伝《くでん》）は十項余ありますが、石は吾が子の如く真心をこめて据え付けよ・早く石の言う声を聞きて据え付けよ・どんな石でも必ず座って良い場所がある・などが印象的です（『歴史読本』新人物往来社　昭和六十三年八月刊）。

穴太衆石積みの特徴は次の通りです。

大小の自然石（野面石《のづらいし》）をバランスよく配石して胴部（二番）で重ね、控え（奥行き）のある石の小面《こづら》（表面）を横長に積んで矩《のり》（傾斜）がゆるく、安定感があり堅固です。鏡石（大面《おおつら》石《いし》）が点在し、横目地が通らずリズミカルに上下に波打ち、青海波状の美しい波紋を重ねて天端の石材が順に小さくなってわずかに反《そ》ります。

そのため遠近感が強くなり、安定感を増します。勾配はゆるく二段積みもあり、丸みのある自然石は愛らしく積むと口（目地）があき（笑い合端《あいば》）、季節や時間の光線で陰影が変化し、それが立体感を生み周囲の自然にとけこみます。これは安土城・肥前名護屋城をはじめとする天正・文禄期に共通です（写真1）。

2 石垣の区分

『鈐録《けんろく》』という軍学書に、「石垣に野ヅラ積・打込ハギ・切込ハギの三種あり、野ヅラはアリナリノ石（自然石）で円を八に割った角度（四五度）に積む・打込ハギは槌で割った石で、円を十に割った角度（三六度）に積む・切込ハギはタガネ（鏨《のみ》）で切り合せ、円を十二に割った角度（三〇度）に積む」、とあります。石垣の勾配は自然石がゆるく、石材加工が進むと垂直に近くなるわけです。

『開国兵談』には、「野面とは生《うまれ》し侭《まま》の石にて築くを云う。打欠《うちかき》とは打ち欠いて角《かく》なりの石にて築くを云《い》う。切《きり》合《あわせ》とは空間《すきま》なき様切合たるを云う」とあり、両書とも石材の積み方ではなく、加工のしかたで分類しています。

3 石垣の積み方と隅角部の変化

石積み技術の発達は石材加工技術の発達からみると、右のように①野面積み②打込はぎ③切込はぎの順ですが、壁面形状の積み方からみると㋐野面積み㋑粗割《あらわり》石積み㋒粗加工石積み㋓切石積みの順です。切石積みは更に細分されます。石垣の技術は一様に発展するのではなく、部位（大手・門台・櫓台・通路・天守台など）により精粗がありますが、時代性を最も表現しているのが隅角部です。

隅角部の発達は次の通りです。

1 天正年間（一五七三）以前

野面石を用いる隅角部の稜線は、直線になりません。これは、角石《すみいし》に用いた石材が大小不定形で任意に集石した結果です。規合《のりあい》（傾斜角度）・反り（弓状曲線）も全く意識していないからです。

2 天正年間（一五七三〜九一）

隅角部を算木積みにする手法に気付き、算木（和算に用いる六本の角柱）状野面石を調達し、交互に直角に端部を重ねて左右に引き違える積み方を始めます。角脇石はなく築石が角脇石を兼ねます。戦国期の普請は緊急性が高く、五輪塔・石棺・墓石・石臼や不整形の石材も寄せ集めて積みます。

3 文禄年間（一五九二〜九五）

隅角部稜線の矩方に若干反りが出現し、角石は大形でも控えは長くありません。矩方が弱い（傾斜がゆるい）のは、高石垣（一二間以上）を目指し安定させるためです。

野面石で隅角部を築くと、稜線が通らず角度調節のため角石間に挟《はさ》み石を入れるので、文禄期を中心とする構築であることがわかります。

4　慶長年間（一五九六～一六一四）

隅角部は野面石・粗割石中心で、高石垣が本格化します。角石は割石を用い規格化が進み、稜線角度の調整が可能となり挟み石がなくなります。慶長後半には算木積みが完成し、反り（弓勾配・寺勾配）も出現します。

2　富士見櫓台　慶長11年　寺勾配

3　台所三重櫓台　同右　弓勾配

5　元和年間（一六一五～一六二三）

野面石・粗割石を用いて、穴太積みは終焉し、切石を採用する転換期です。高石垣を目指し角石は大形化するが築石は方形に規格化されず、詰石が多い。笑い合端の隙間を埋めるため、築石を縦・横・斜《ななめ》に積む乱積みが盛行します。

6　寛永年間（一六二四～四三）・正保年間（一六四四～四七）

ここから切石（加工石・間知石）に転換します。間知は一間四方に石何個入るかの意で、築石の規格化で構築面積がわかれば石材数・人数・日数・費用が速算できる合理化です。

横目地は布積み崩しから布積み（平行目地）に変わります。詰石は減少します。

7　慶安年間・文政年間（一六四八～一八二九）

巨大さを競った角石が退化し、控えの短い切石となり、築石も切石が一般的となります。前代の乱積みは、方形石材の角を上向きに揃えると鋸《のこぎり》の歯状に谷形になり、積石の角を谷に落とすと谷落し積みになります。これを連続してく字状に並べると矢羽根積みになります。

8　天保年間～明治元年（一八三〇～六八）

新築はなくなり、修築と黒船に備えた台場（砲台場）構築があります。角石は小さく築石は谷落し積みで、矢羽根積みもあります。

江戸幕府の最後の築城は元治元年（一八六四）北海道函館市の「五稜郭」で、石垣の積み方は落し積みで、一部同心円状を呈しています。

4　江戸城石垣の時期区分

時　　期	石材の加工	石材の規格	石材の積み方	隅角部と築石
1期　文禄年間頃 1592～95 将軍家康期 西之丸建設着工 家臣のみによる工事	自然石（野面石） 矢穴出現（割石） 西拮橋門の石材 御納戸多聞台石垣に大面石。	石材は大小混在横目地通らず、大きく波打つ。 大面石（鏡石）出現。	小面の長軸水平。 布目崩し積み。 傾斜緩く低石垣。 角石稜線通すため、挟み石入れる。	算木積み未発達。 角石に割石使用始まる。 角脇石を欠く。 隅角稜線は直線。 乱積み始まる。
2期　慶長年間頃 1596～1614 家康・秀忠期 ○第1次天下普請 1604～	自然石と粗《あら》割石（自然石を割っただけの石）。 矢穴増加。	割石主体 築石不整形 築石は割石中心。	布目崩し積み。 鏡石出現（八つ巻き）、詰石多い。 大手門・和田倉門以外は喰違い虎口。	算木積み未完成。 角脇石の意識なく、角石へ石尻を築石が支える。扇の勾配と寺勾配が出現。
3期　元和年間頃 1615～23 秀忠期 ○第2次天下普請 1614～	割石と粗加工石（石材の小面全面にノミ加工）。	割石主体で、石の大きさ規格化進む。	布目積み（横目地が通る）。落し積み（不規則な目地）詰石減少。	算木積み発達。角脇石が出現し、角石の石尻を支える。角脇石2個で角石と同大。
4期　寛永年間頃 1624～43 家光期 ○第3次天下普請 1620～ ○第4次天下普請 1628～	切石（間知石）出現し、規格化進む。角石加工進む。刻印出現。四方切合積み（小口正方形）出現。	切石主体 築石小面長方形。 短冊状縦長築石出現。規格化進む。 小面にノミ加工。	布目積みの横目地平行線となる。 乱積み増加して詰石減少。板状詰石出現。	算木積み完成し、角石長大化を競いそのため角石1に対し角脇石1～3個（草･行･真の角）出現。
5期　万治年間頃 1658～60 家綱期 ○第5次天下普請 1636～	精緻な切石で詰石不用。 ノミ調整丁寧・角切り・縁取り加工盛行・長方形石材の布積み盛行・デザイン性高まる。	切合積み 角落とし、亀甲積み出現。 江戸切り（鋭い隅角稜線）流行。すだれ流行。多角形乱積み、築石定形化。	布目積み（平行横目地）完成。 詰石消失。 矢羽根積み・亀甲積み崩し盛行。	薬研目地（谷目地）出現し、装飾化進む。丁寧。切石布目積み盛行。 石面の小ノミ仕上げ、谷目地（笑い合端）流行。
6期　天保年間頃 1830～43 家斉・家慶期	切石 角欠き（鍵型に角を欠き組合わせる）。縁取り加工進む。	切石主体 谷目地＋膨らみ石面＋江戸切り流行。	精緻な布目積み。 亀甲積み。	面加工精緻。 矢羽根積み盛行。
7期　嘉永年間 1845～53 家慶期	切石	切石主体	布目積み 落し積み 矢羽根積み	角石・角脇石小形化。

5　石垣図解

石積み技術の発達は、大体図1→8の順ですが、同時併行に変化したり、古式温存や復古調がみられたりするのは、修改築の際の手法によることがあります。図7→12は関連する技法です。写真11は、修築すれば必ずわかるという例です。

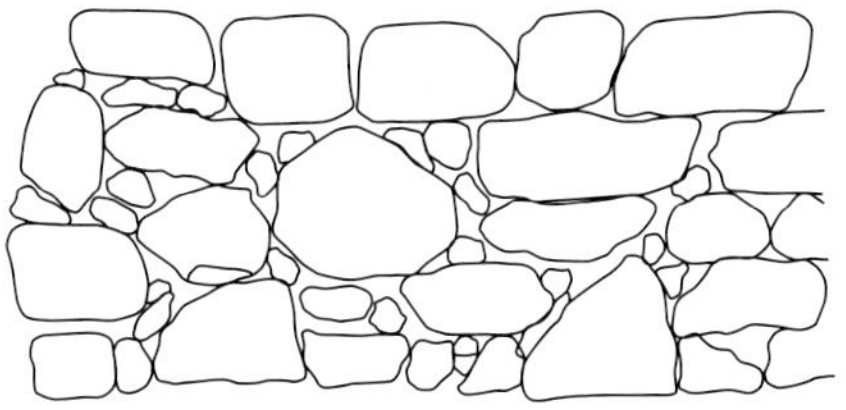

図1　**布積み崩し（布目崩し積み）** 横目地が通らない積み方。俗に穴太積みと言います。

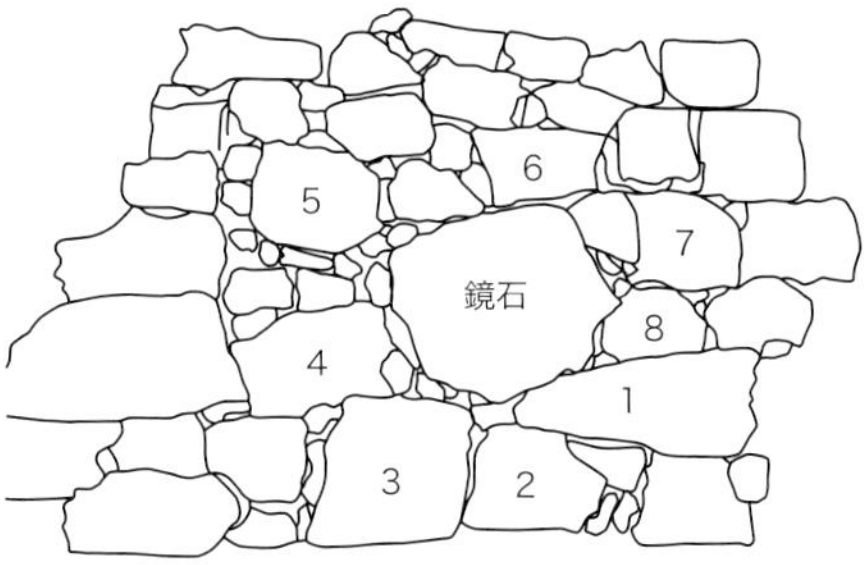

図2　**鏡石（八つ巻き）** 鏡は光を反射するので、悪霊撃退の信仰から、出入口・通路に設け敵を威嚇します。

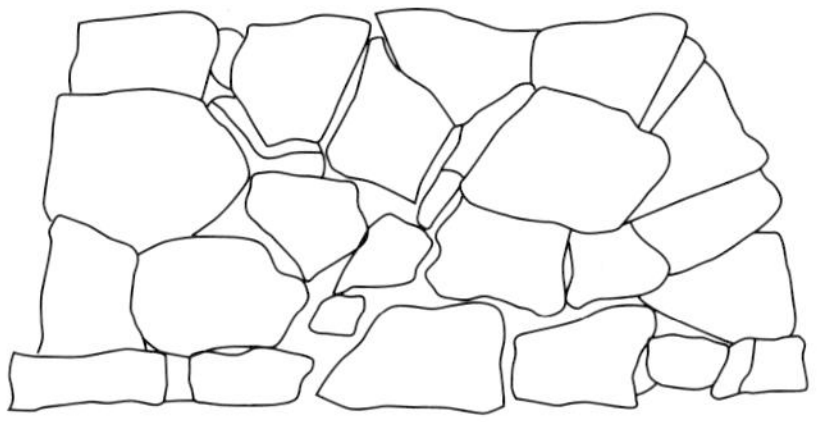

図3　**乱積み（乱石積み）** 隙間を少なくするため不規則に積みます。

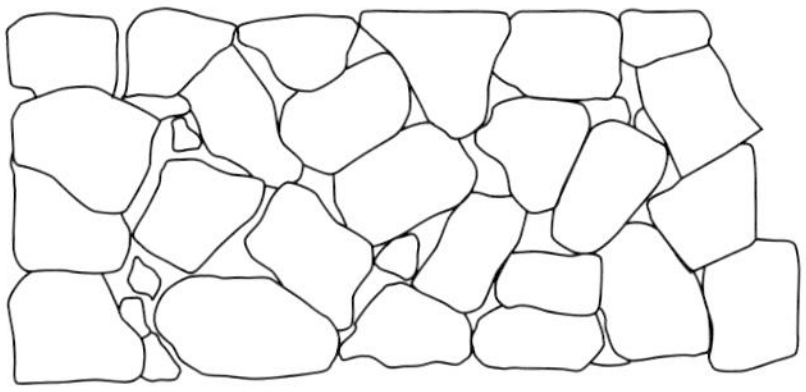

図4　**落し積み**　隙間をなくし、築石の横ずれを防ぐ積み方

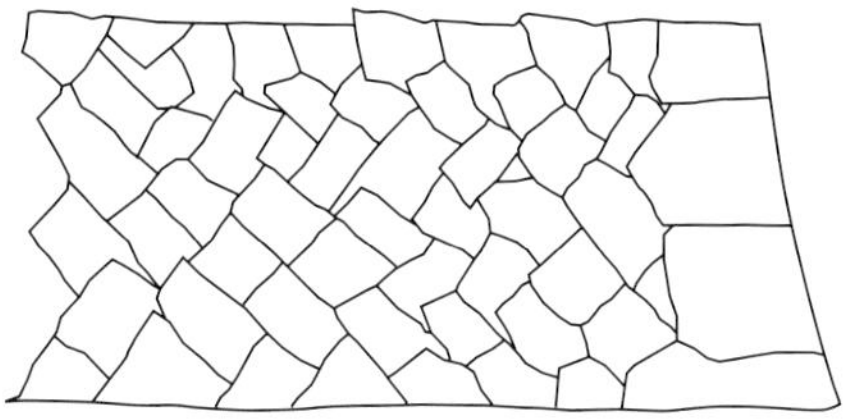

図5　**矢羽根積み**　鋸歯状の根石に、角を落として積むので落し積みとも言う。

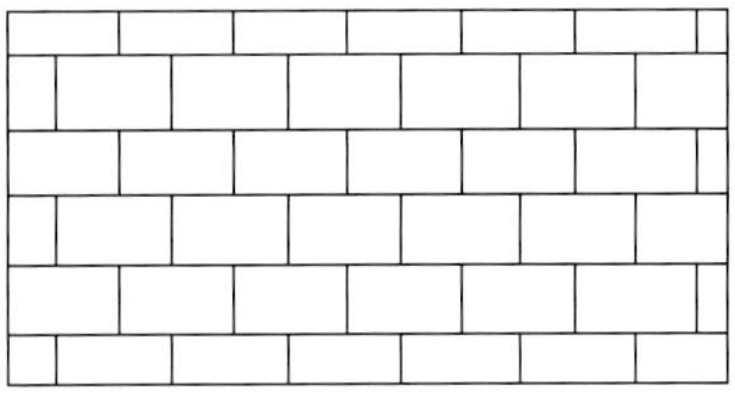

図6　**布積み（長方形切石）** 織物の横糸が平行線なので名付けられました。

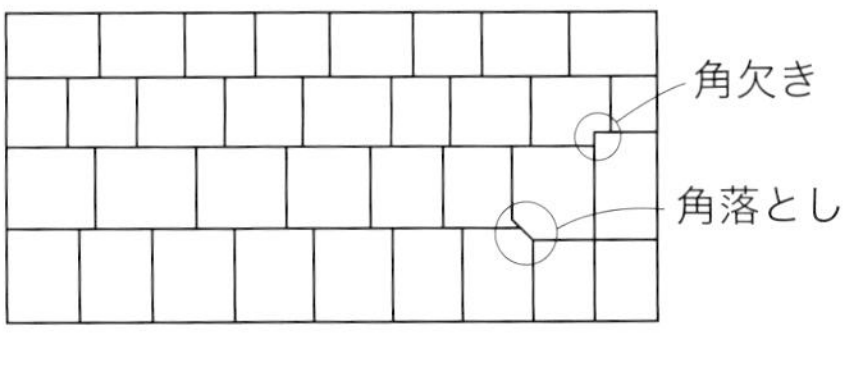

図7　**四方切合積み（正方形築石）** 加飾のためではなく、止むを得ない現場調整です。

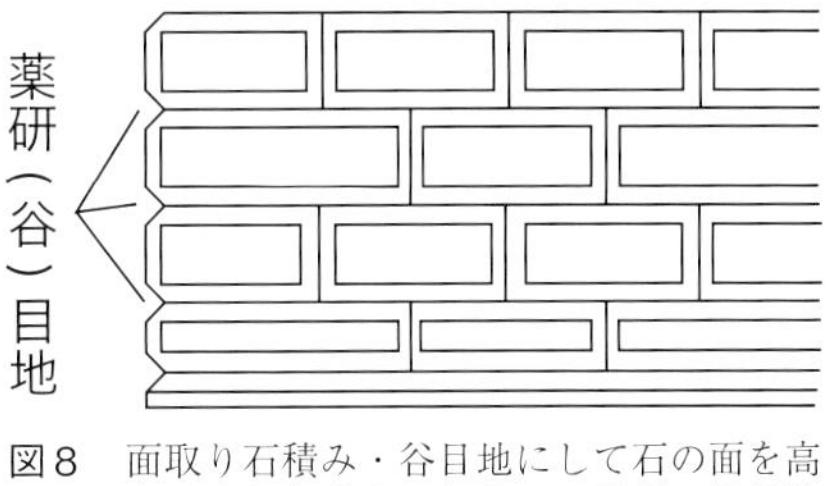

図8　面取り石積み・谷目地にして石の面を高くふくらませるのを言い、最高の化粧法です。

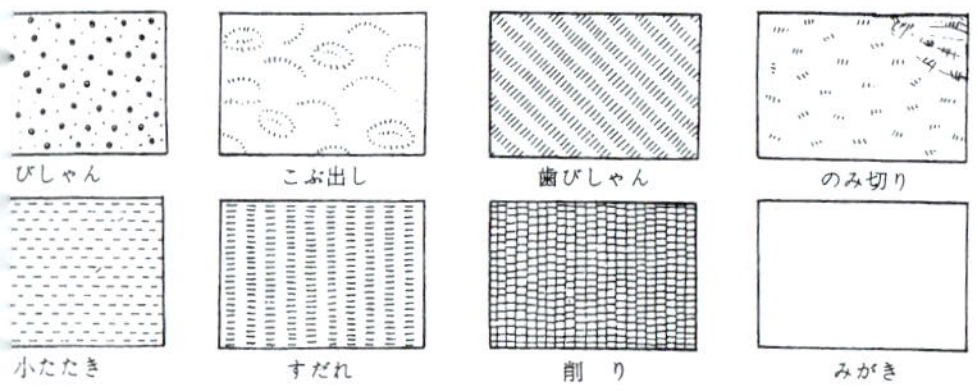

図９　小面の仕上げ（化粧）『建築用語図解辞典』より　石材加工の最終段階はタタキ・ノミ・カタヅル・ビシャンを使って表面を削る作業です。小タタキが最も美しい仕上げです。小ノミ仕上げと言います。

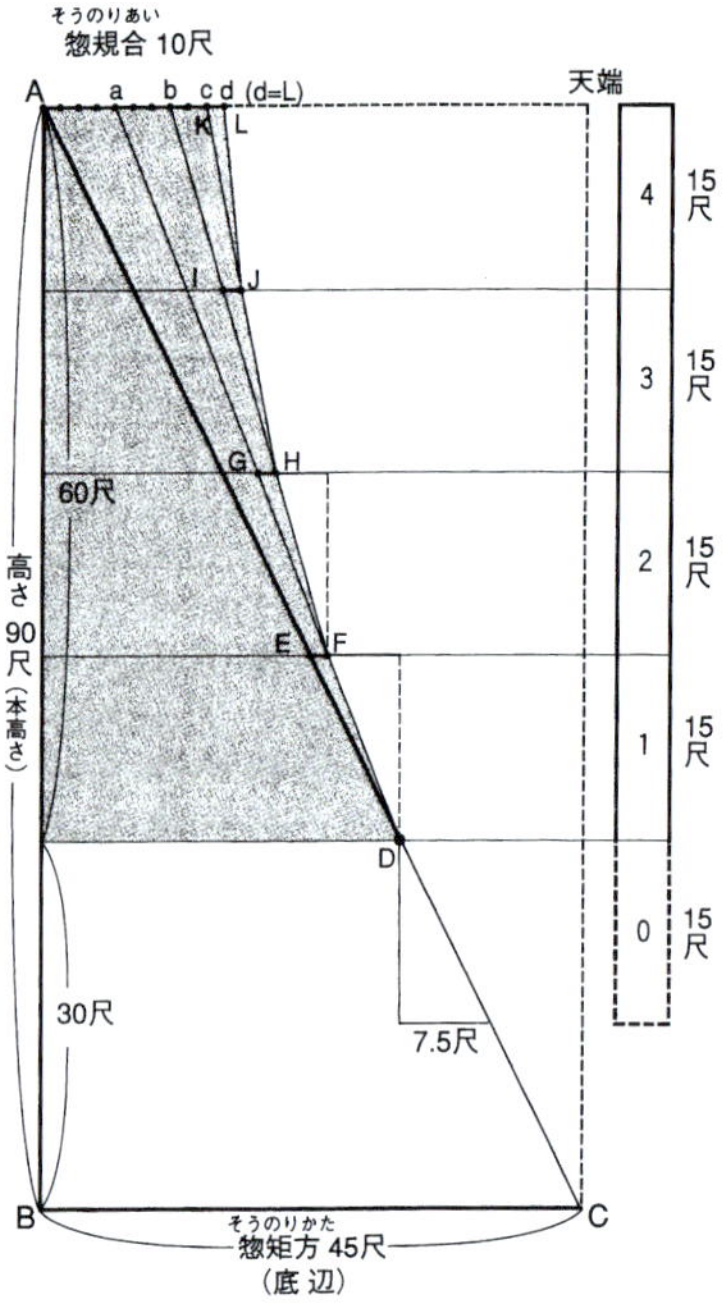

図10　扇の勾配　後藤流秘伝
江戸時代の石垣職人は、５寸（約15cm）勾配とは高さ１尺（約30cm）に対して底辺が５寸、傾斜角度45°をいいます。
図のように高さ90尺の石垣では、底辺は45尺が５寸勾配です。斜線の下３分の１を直線とし、上３分の２は15尺上がるたびに勾配を１寸（約３cm）ずつ短くした場合、C・D・F・H・J・Lを結んだ扇の勾配となります。内圧の最も強いのは上から３分の１の点といわれ、この勾配が最も強固で美しいラインとされます。（『よみがえる金沢城』２より）

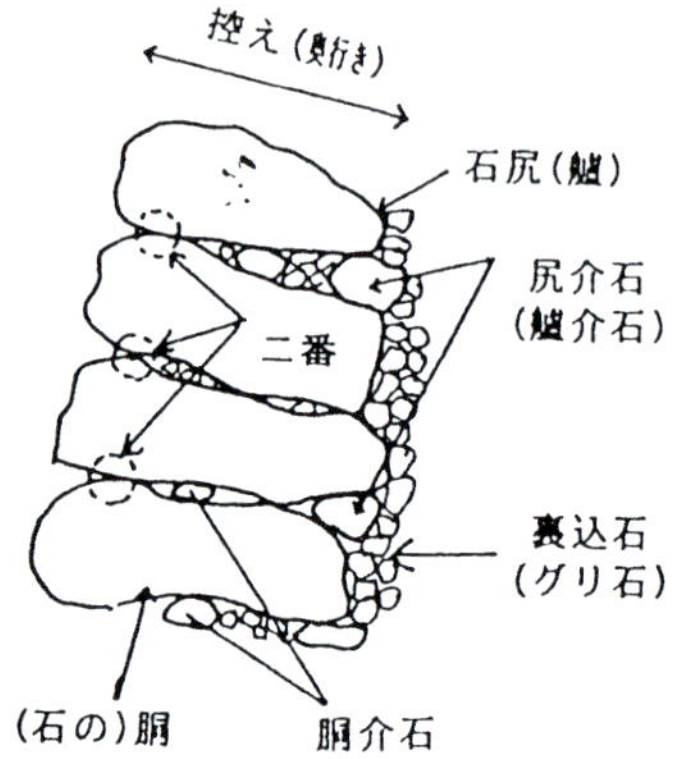

図11　角の断面　野面石の角石の合端（接点）は小口の先端ではなく、内部（二番）にするのが原則です。胴介石と尻介石で据え付けます。グリ石の幅は控えの1.5倍程度で、排水と震動・内圧のクッションになります。

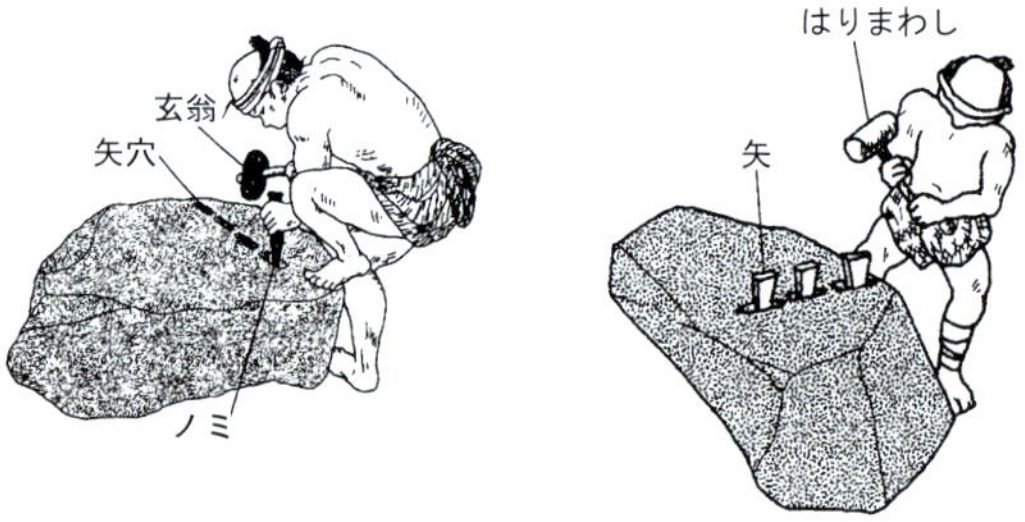

図12　矢穴と石割り『稲荷櫓台報告書』より　1．石材に矢（くさび）を打ち込む矢穴を彫ります。玄翁で割る線上に矢穴を並べます。2．矢穴に矢を立て強力に打ち込みます。しばらくすると亀裂が生じ、真二つに割れますが、矢穴は歯形のように残ります。（山梨県埋蔵文化センター調査報告書第208集）

石垣壁面修改築の痕跡

右の写真は江戸城二の丸汐見坂にある多聞台石垣です。壁面は石材・積み方で三分割されているのがわかります。

上部中央の逆三角形の部分が、方形切石で横目地は平行線（布積み）、左は野面石の布積み崩し、右は割石の落し積みです。年代は左→右→上の順で、慶長年間に築かれ、修築されました。最後は寛永年間以降に再修築されました。観察によって歴史が読み取れます。

11　汐見坂多聞台石垣

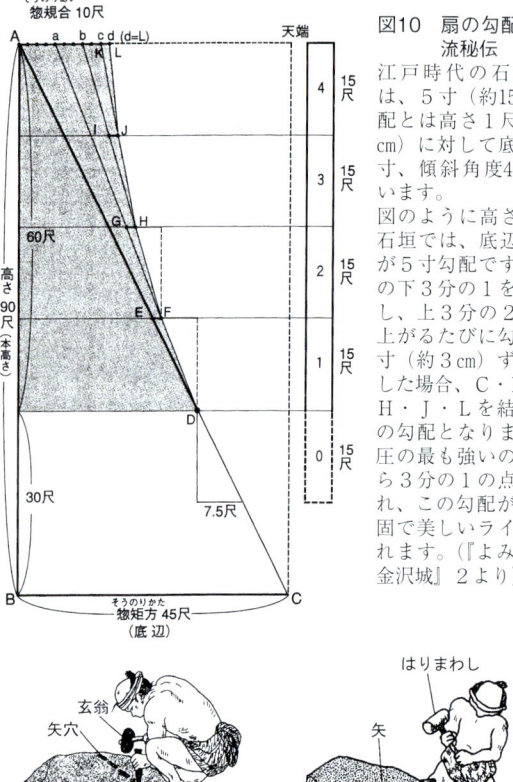

道灌と家康の入城

1　太田道灌と徳川家康の入城

江戸の生みの親は太田道灌で、長禄元年（一四五七）江戸氏の館跡に築城しました。

「道灌はよく狩りに出かけ、ある時、にわか雨にあい蓑《みの》を借りに寄った農家で、実のない山吹の一枝《ひとえだ》を捧《ささ》げる少女の対応をうけた。彼は理解できず、後家臣の中村重頼から「後拾遺和歌集」にある兼明《かねあきら》親王の和歌を知らされる。

　七重《ななえ》八重花は咲けども山吹の
　　みのひとつだになきぞ悲しき」

実《み》のを蓑《みの》にかけた風流に気付かなかった我が身を恥じて、歌道に精進したと言います。

江戸城の「静勝軒」に住んだ道灌の和歌に、

　我が庵《いお》は松原つづき海近く
　　富士の高嶺を軒端《のきば》にぞ見る

があり、庵（静勝軒）は現富士見櫓の位置で（『観古図説』）、庵の下は当時は海岸です。

明治四十四年十二月十八日発行の『東京市史稿皇城編第壱』に、「江戸城の塁営たるや、子《ね》城・中城・外《と》城凡そ三重なり（『静勝軒銘詩並序』）」とあり、この三部は本丸台地上と考えられます。主軸長は南北六〇〇mあって城の通常規模であり、子城は根城で本郭を指すので富士見櫓の位置、外城は北部、中城は文字通り中央部と考えます。北から外城・中城・子城の配置が、家康入城以前の姿でしょう。

1　西の丸の道灌濠　西拮橋門～桜田濠間は1000mあり、西の丸西辺を囲います。

天正十八年七月、豊臣秀吉は小田原城の北条氏を滅ぼし、徳川氏の関東移封（二五〇万石）を決定し、八月一日（八朔の日）家康が入城します。

八朔の祝いは幕府最重要行事で、八月一日全大名・旗本・御用達商人・天領（代官領）商人代表らが盛装して祝賀を行うのを受けます。列席する町人にとっては絶大な名誉と特権であり、この総元締は呉服屋豪商の茶屋四郎次郎家でした。彼は江戸城下町の町割り（都市計画）を担当し、江州代官も勤めました。

2　江戸城の縄張り

縄張りは、城館の平面構成で郭《くるわ》（防御施設）をどのように配置し、堀・土塁・石垣・虎口（出入口）・通路・櫓・門をどう配置するかの計画です。築城主体者の家臣・組織をどう支配するかで、規模・構造が大きく異なります。

軍学では、防御と出撃に適した陰陽和合の縄張りを理想としました。なお

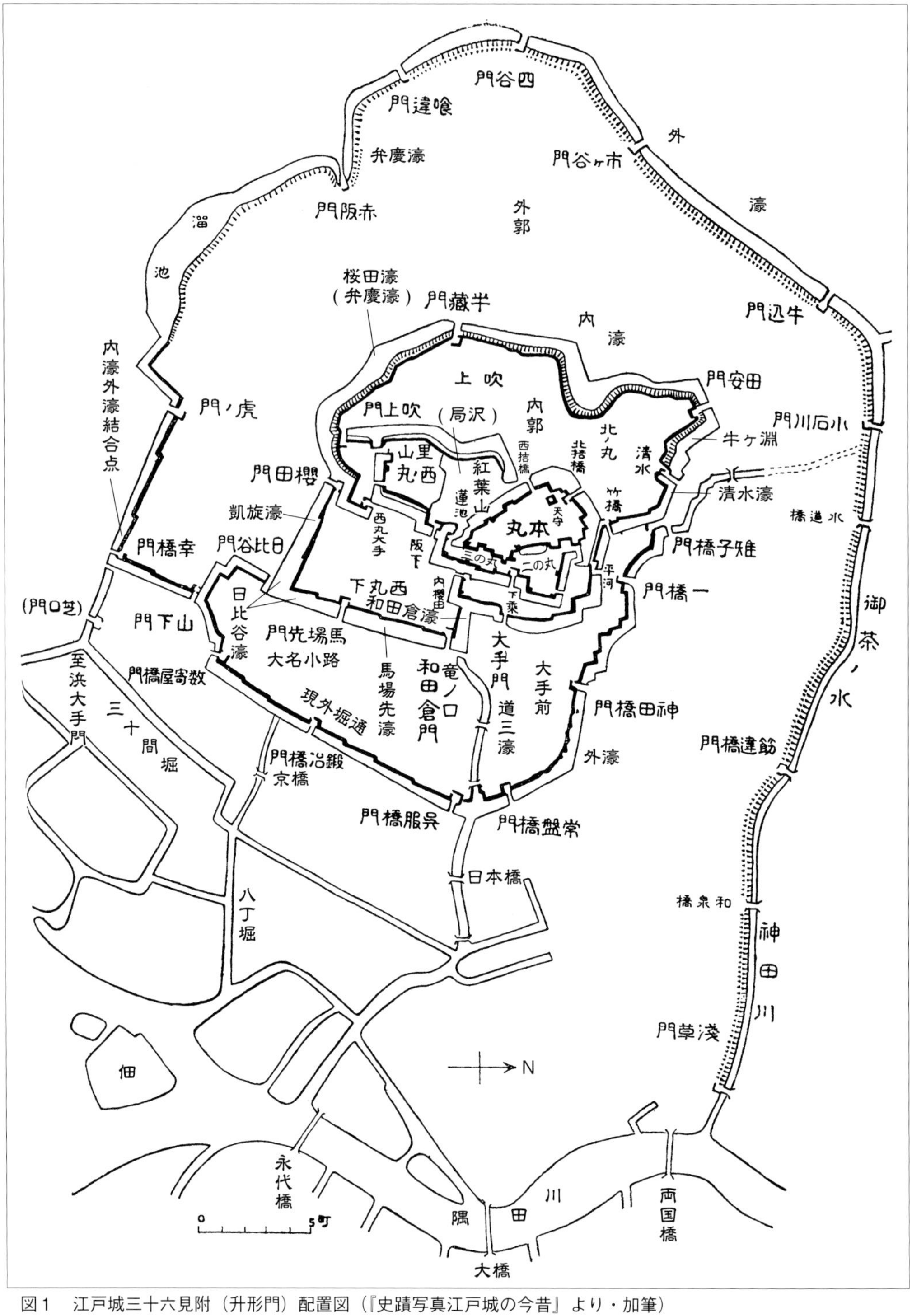

図１　江戸城三十六見附（升形門）配置図（『史蹟写真江戸城の今昔』より・加筆）

郭は曲輪とも書き、近世には丸《まる》と呼ばれます。

縄張りが決まったのは家康入城後の九月五日で、城郭拡張と城下町造成と移住して来る家臣団の知行割と屋敷割のため、社寺・民家の移転を行います。寺の引き移しは一六ケ寺にのぼりました。

一万石以上の家臣団の配置は伊豆・相模・武蔵・下総・上総・上野へ四一家、総石高は九四万九、〇〇〇石に及びました（『千代田区史上』）。

P14の図1によって見てみましょう。江戸城は、大きく内郭と外郭に分けられ、内郭は本丸・二の丸・三の丸・西の丸・北の丸・吹上で、これをとり巻くのが内濠です。

大名小路南辺と大手前東辺の濠は、寛永十二年までは外濠でしたが同十三年の最後の天下普請で外濠が大きく整備され、「中濠」的な位置付けになりました。

西の丸下（皇居前広場）は、江戸湾日比谷入江の埋立地で大手門・西の丸大手門に近く登城ルートであることから、幕府高級官僚の官邸地でした。老中・若年寄などの幕閣に任命されるとここに引っ越しました。西の丸下は中央政庁地帯だったのです。

大名小路・大手前は重要地区ですが内郭ではなく、ほぼ譜代大名の屋敷です。

標高二〇mの本丸は江戸城の中心で、高石垣と濠に囲まれた台地です。約一三万㎡（約四万坪）あり、最も広い郭です。登城路は、内桜田門・大手門→大手三の門（下乗門）→大手中の門→中雀門（本丸書院内）の順です。

P17の図2によって、内部の郭配置・門・櫓の位置をご覧下さい。

３　外郭と三十六見附

見付は升形《ますがた》のある城門の外側で、藩士の見張る所です。江戸城では一般町人が通行する城門を呼びますが、三六門を超え約九〇門に及びます。警備には「内外諸門の定書」により、譜代大名・旗本が当たりました。門の開閉は午前六時～午後六時で、取り調べや治療や救助にも当たりました。見付は、市民に身近な平和維持施設でした。

寛永十三年（一六三六）完成した外濠は、浅草橋門を原点に渦巻《うずまき》状に内郭に向かって東辺・北辺を囲んで南辺に折れ、溜池を過ぎ幸橋門に至り分岐して浜大手門方面と山下門を経て外濠へと分かれ、山下門から常盤橋門を経て雉子橋門までを外郭門としています。

図1によって複雑な外濠の地形利用を見てみましょう。東辺牛込門～小石川門間は平川利用、小石川門以東は本郷台・駿河台の掘割り、節違門～隅田川は神田川を利用しました。

北西辺の牛込門～喰違門間は自然の

1　天守台石垣より本丸南辺を見る。

谷を利用、喰違門より西南辺は自然の谷・河川・溜池・ここから流下する河川を利用しています。南辺の幸橋～呉服橋間は外島（江戸前島）の中央部を開削しました。呉服橋門～雉子橋門間は平川をそのまま外濠に利用しました（『千代田区史』上）。

江戸城外濠は、浅草門から内・外郭を取り巻いて浜大手門までとする見方もあります。

そうだとすると全体の四分の三を囲ったことになりますが、その場合南辺は隅田川と江戸湾ということになります。

2　西の丸二重橋より西丸下を見る。皇居外苑で幕末に会津・平藩などの屋敷地です。

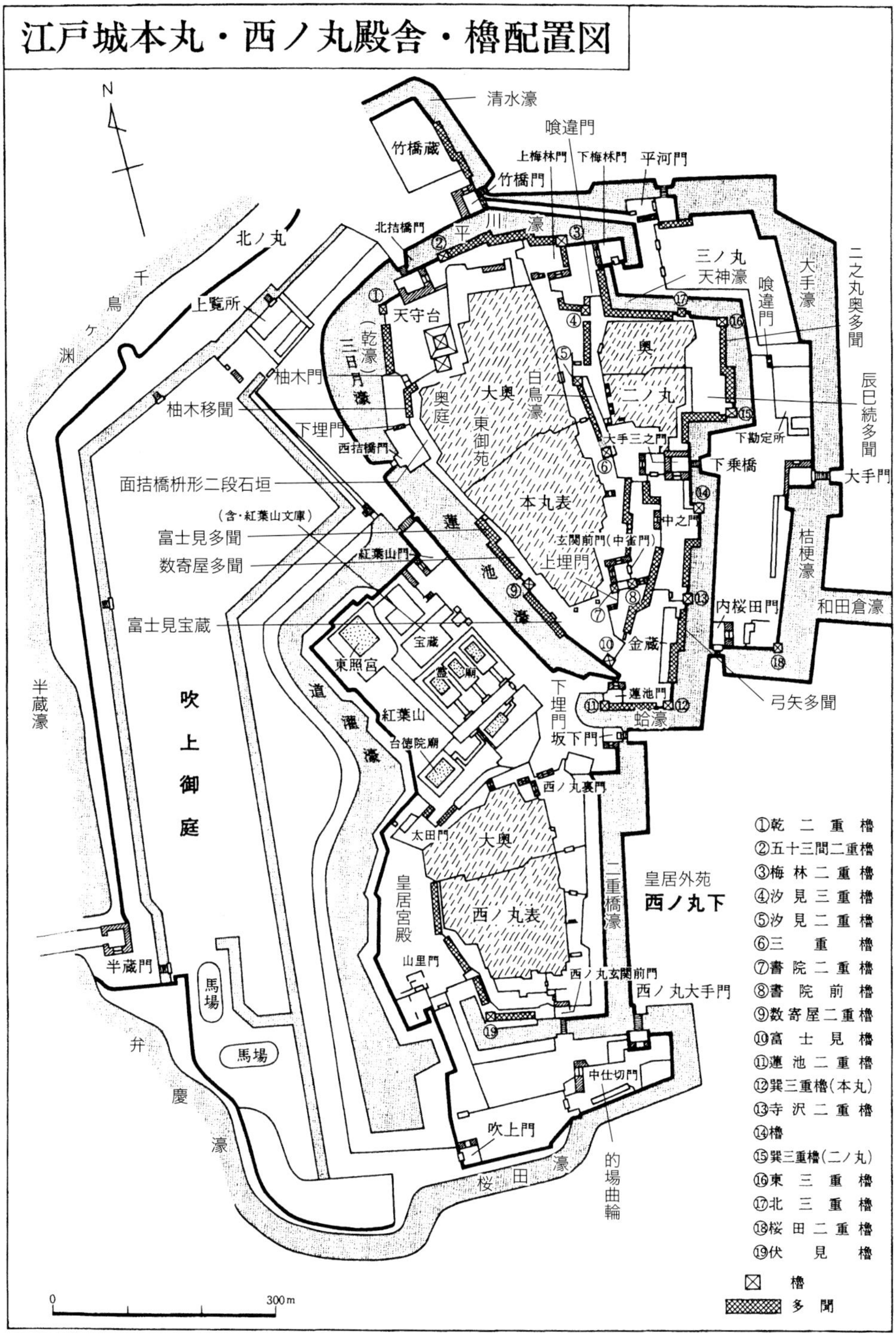

図2　江戸城本丸・西の丸殿舎・櫓配置図（『国史大辞典』より・加筆）

江戸城各郭の石垣

一　登城路

1　内桜田門

東京駅丸の内口から千代田通り（旧行幸路）を西へ進めば、桔梗濠の角にある桜田二重櫓が真っ先に目にとびこんできます。

櫓台石垣の隅角部算木積みは完成していますが、築石は粗割石の落し積みなので、第三次天下普請で伊達政宗らが内桜田升形を構築した元和六年（一六二〇）が考えられます。櫓の創建もこれに近い年代でしょう。

写真1は、桜田二重櫓（桜田巽《たつみ》櫓）で、内桜田門（中）、富士見三重櫓（左奥）の三棟が見渡されるベスト・ポイントです。

建物は何れも大正十二年（一九二三）の関東大震災で大破し、昭和二年頃鉄筋コンクリートで再建されましたが、形は大体もとのままです（『江戸城の今昔』）。

江戸城に一九棟あった櫓のうち、現存するのはわずか三棟です。桜田二重櫓は、富士見三重櫓よりも初重が大きく、七間半×六間あります。

見学者が近寄って観察できるのはこの建物だけなので、濠越しに細部を調べてみましょう。上層の屋根は入母屋《いりもや》造《づく》りで、日本固有の美しさがあります。

南側には千鳥破風《はふ》の屋根があり、下には出窓《でまど》のような石落しがあります。敵が舟で進入してよじ登ろうとすると、頭上に石を落し攻撃します。

出窓の側面には縦長の狭間《さま》がありま

1　桜田二重櫓　内桜田門（中）富士見三重櫓（左奥）

2　桜田二重櫓南東面　右は大手門・桔梗濠

3　桜田二重櫓と左は内桜田門

す。矢弾で側射するためです。

外観は窓の数が、上層東面四つ、南面六つ、下層は五つに二つ、出窓部には三つと変化をつけています。このように戦闘的な武張った施設なのに装飾性を合わせて考えているのは、日本人本来の装飾的意図を表しています（『江戸城とその付近』）。暴力装置が優美で香気がただようのは、日本的で嬉しいことです。

巽櫓とも呼びますが、本丸の辰巳（南東）で別に蛤《はまぐり》濠の隅にも同名の櫓がありました。江戸城三の丸に一つしかなかった櫓が残っているわけで、非常に貴重な遺構です。松の緑が水に映えます。

4　桜田二重櫓南面

内桜田門

桜田二重櫓の左側にある門で、桔梗門・吉慶門・桜田大手門とも呼ばれます。昔この門の瓦に太田道灌の家紋の

5　内桜田門高麗門・渡櫓門と石垣

桔梗が付いていたので桔梗門の名が付いたと言われます（「皇居のしおり」）。

　この門は現在皇居参観・勤労奉仕の団体の人たちの出入りに使われています。ここから入ると三の丸で、西の丸と結ぶ重要な門です。道灌時代には大手門だったので、桜田大手門と呼ばれたり江戸湾の波がここまで打ち寄せていたので泊船門とも呼ばれました。

　6の左に見えるのが5の升形《ますがた》門で、一の門が高麗門、二の門が右折れして渡櫓門です。一の門の袖石垣は切石で布積み、二の門の台石垣は粗割石の落し積みなので、元和年間が妥当です。

　7を見ると升形空間の右（西）が蛤濠で、升形西辺に仕切り土塀がないのは、升形に侵入した敵兵を濠に追い落とす「武者落とし」です。同時に濠向かいの寺沢二重櫓・弓矢多聞から射撃

6　内桜田門（左）と桜田二重櫓

7　内桜田門高麗門（内側）

して援護するためです。
升形の多くが右折れ進入になっているのは、敵兵が右利《き》きが多く、右折と同時に武器（槍・刀）の操作ができないからです。

８は角石・角脇石（隅角部）に石材と、築石との間に異和感・不整合があり、後世隅石を修築したことがわかります。隅石は小ノミ仕上げで新しく、築石は切石の落し積みです。

９は内桜田門渡櫓門東面（内側）で、大手門・西の丸大手門・内桜田門（桜田大手門）は同格です。門台石垣は切石五段積みで、表面仕上げはビシャン仕上げか小ノミ仕上げです。

8　升形外の石垣　修築痕跡

9　内桜田渡櫓門東面（内側）升形内

10　内桜田門　高麗門土橋　左は蛤濠　石垣は門の左袖石垣

10は内桜田門の土橋（濠の掘り残し）で、左は蛤濠、石垣は高麗門の左袖石垣です。角《すみ》切りがあり右袖より新しい。

11は升形を出た所に東面して建つ旧枢密院で、明治二十一年（一八八八）大日本帝国憲法草案審議のため設置されました。

重要な国の政治について天皇が意見を求める機関で、昭和二十二年廃止されました。エンタシス柱の石造建造物で、貴重な遺産です。

11　旧枢密院建物

2　大手門

大手（追手）門は城と城下町をつなぐ門の名で、古くは大橋門・外大手とも言い、将軍が出入りする表門です。式日には諸大名は礼装して規定の供揃《ともぞろ》えをし、ここから登城しました。

元和六年（一六一八）、伊達政宗が内願して左右一三町（一、四一七m）にわたる石垣と升形を改築しました。伊達政宗が名誉ある普請として一手に引き受け、人夫四二万三、〇〇〇余人、黄金二、六七六枚を使いました（『東京市史稿第壱』）。

この門は明暦三年（一六五七）焼失、万治元年（一六五九）再建、昭和二十年戦災で渡櫓門焼失、昭和四十二年三月復元されました。

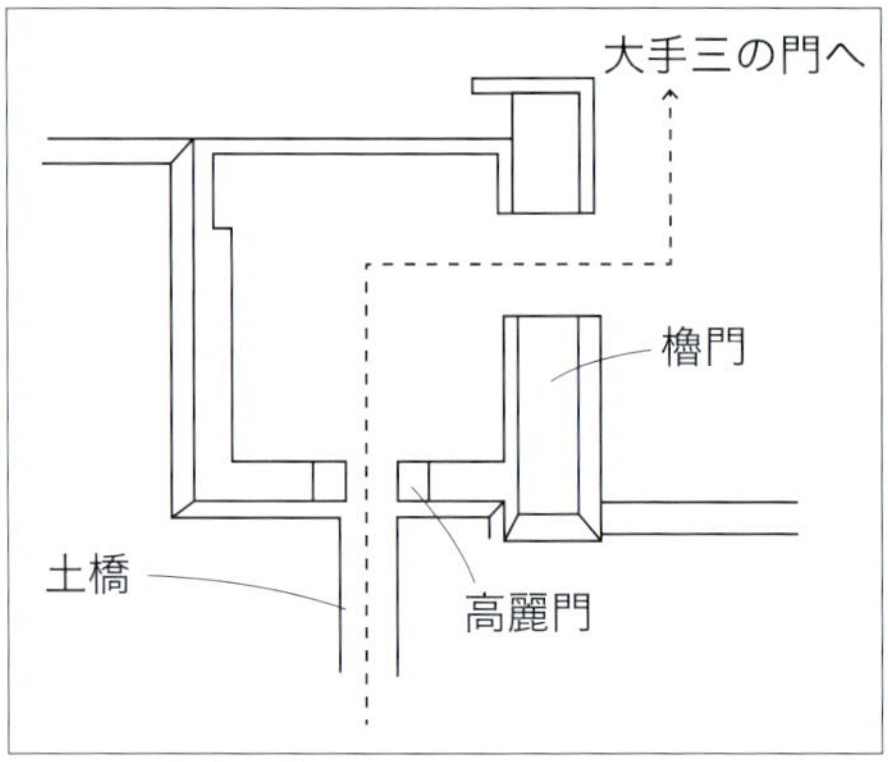

図１　大手門升形

図１は大手門升形です。升は量を計る容器で、戦国期には五・八の升形（五×八間＝四〇坪）を最良としましたが、これは一備《ひとそなえ》（一隊）五〇騎を計って出撃させるためです。

敵の直進を防ぐため一の門内側に塁で囲った空間をつくり、一般的には右折して二の門を通るようになっています。近世の規模は大型化し、一五間×二〇間ほどになります。

往時（昔）は木橋でしたが、現在は土橋（土提状陸路）になっています。安全と維持管理、水位調節などのためです。

12　大手門　南東より見る。手前は左桔梗濠　右大手濠

13　大手門　南東より見る。手前は桔梗濠

14　大手門　東より見る。手前は大手濠

15　大手門升形の高麗門　内側（升形内）より見る。

16　升形正面石垣・土塀　白い石は花崗岩

大手門升形内部　その1

内堀通りから土橋を渡ると高麗門があります（15）。両袖は石垣の上に土塀があり、内部には雁木《がんぎ》（石段）があり、土塀と石垣の間に狭間《さま》（銃眼）があります（15・16）。

高麗門は城の升形の一の門の形式で、表の二本の親柱の裏側に控え柱を建て、親柱上の切妻屋根と直角に低い屋根をかけます。扉を開いたとき、ここに納めます。

この門を入ると広い空間があり、これを升形と言います。16は正面の升形土塀です。これを拡大したのが17です。

17　升形正面石垣の拡大で、中央が大面石（鏡石）

正面の六角形の大面石《おおつら》（巨石）を、鏡石と呼びます。鏡は光を反射することから、悪霊を撃退すると信じられ、虎口《こぐち》（出入口）・升形・通路など敵の進入路に設けます。切石の亀甲積み崩しで、後世の修築です。

18は渡櫓門で、桁《けた》（横）二二間、梁《はり》（奥行）四・二間で、内郭で最大級の規模です。

門台石垣は、凝灰岩と花崗岩をモザイク状に配石した切石の布積みです。

この門の警備は特に厳重で、一〇万石以上の譜代大名の担当でした。

18　渡櫓門南面（表）入って左折します。

大手門升形内部　その2

ここの升形は東西の長方形で約四〇m×三〇mの巨大さです。

19は北西隅で、土塀台石垣と櫓門台石垣の接合部を見ると、門台石垣の方が後から積んでいます。仕上げも丁寧で、小ノミ仕上げです。花崗岩の立石は、短冊積みと言われる化粧で金沢藩では寛文～元禄年間に盛行しますので、元和六年以降修築があったようです。

20の高麗門と櫓門の向きは、直角であることがわかります。

19　櫓門台石垣と升形石垣の接合部

土塀台石垣の隅角部は、長大な切石を用い、築石は落し積みで政宗普請のままです。

21は昭和二十年の空襲で焼失した櫓門屋根端の鯱で、升形内に展示してあります。

22は三の丸（桔梗濠）石垣の折れです。

20　高麗門と櫓門・土橋・桔梗濠

21　櫓門屋根の鯱

22　大手門升形と桜田二重櫓門石垣。約250m間に斜（屈曲部）が2か所あります。

23　桔梗濠石垣出隅

24　桔梗濠石垣出隅

25　桔梗濠石垣修築痕跡

26　桔梗濠石垣修築痕跡

桔梗濠石垣

前頁22の右端は大手門升形の東南隅で、ここから南方二五〇mの桜田二重櫓までの間に、斜《ひずみ》（折れ・出角入角《ですみいりすみ》・横矢掛《よこやがかり》）が二か所あります。出角・入角は算木積みで、壁面の支柱の役割と、大手門に向けた横矢掛なので、大手援護の施設であることがわかります。近い斜が八〇m、遠い斜が一六〇mあり、濠幅は五〇～六〇mです。

23は粗割石を用い詰石の多い落し積みで、力強い安定感のある規格化以前元和期の工法です。

24は算木積みで石材は長大、角石・角脇石とも立派で、築石は隅角部の近くは乱積み、離れると規格化された切石の布積みで、構造は元和・寛永期です。

25は日当り部分右と左の間に継ぎ目地があり左の布積みが新しく寛永期です。

26も観察用の良い教材です。石材の方形規格化の進んだ部分で布積みと、三角・多角形の石材で目地の空く乱積みで布積み崩しの部分があります。これで新旧がわかり、これが大名たちが動員されて修築した証拠です。

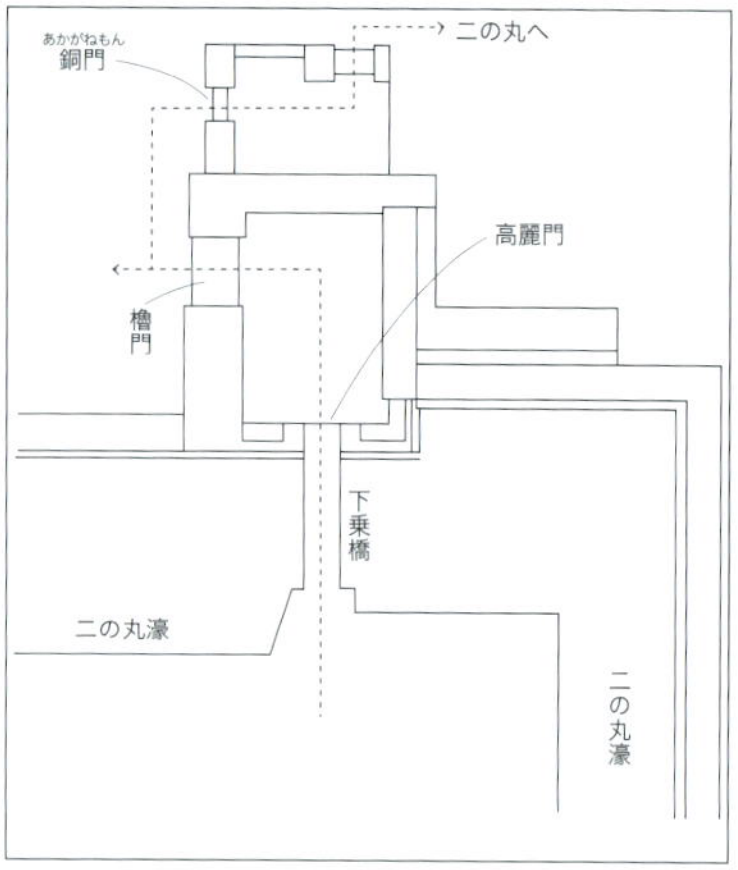

図２　大手三の門（下乗門）

27　大手下乗門東面入口　右側に同心番所がある。

3　大手三之門

大手三之門は、正面大手門を三の丸に出て左折すれば、正面にあります。往時は蛤濠が北方に直進し、この門の前を通って屈曲し、左折（西）して天神濠に連結していました。この間五五〇mの濠ですが、現在は「慶長古図」にある大手土橋も濠も埋め立てられました。現在の大手休憩所は、旧二の丸濠の上です。

大手三之門の別名は下乗門と言い、三の丸から二の丸に入る正門で、乗物を認められている大名は下乗橋の手前で乗物から降りました。

28　大手下乗門　往時は石垣に二の丸濠があった。

升形は寛永十三年（一六三五）、伊勢津藩主藤堂高次（猛将藤堂高虎の息子）によって建築されました（『旧江戸城写真帖解説』）。この門が三の丸の正門で、御三家以外すべて駕籠を降りて入りました。

図２にあるように升形内は左折で、一の門の東西を除き、三面石垣上に多聞（長屋状に長く続く櫓）を上げています。升形の櫓門は、桁行二四間（四三m）・梁行五間（九m）で最大、三方多聞もここだけで最も格調高い升形門です。

29　天瑞石・角石は花崗岩

大手三之門升形

升形は東西約五〇m・南北四〇mの最大規模で、北・西・南面を多聞櫓で囲む江戸城唯一の門です。多聞は平時には武器庫、戦時には狭間から射撃する施設です。

江戸城の内外部には多数の城門がありますが、幕末には大小の門合計九二門を数えます。このうち、内桜田門・大手門・大手三之門・中之門・中雀門と西の丸の大手門計六門を「大門六門」と呼びました。これらは特に立派で大規模で警備も厳重でした。外郭の諸門は放射状に地方に至る道筋の出入口で、交通の要所でした。升形を見附と呼び、その地名は今に遺っています。

33は明治四年の古写真『観古図説』によって確認できる正面左（南面）の多聞台です。多聞はコの字形で北・南辺五〇m・西辺四〇m、計一四〇m、幅（梁）九mであることがわかります。角石《すみいし》に巨大な花崗岩を斜めに使っているのは、藤堂高次の豪快さの表現です。

30　大手下乗門升形多聞台石垣

31　多聞台石垣

32　升形内部で、多聞に登るための雁木（石段）

33　下乗門多聞台石垣　正面（南面）左側の梁（10m）の部分

34　下乗門升形渡櫓門台石垣　正面が左頬

35　下乗門升形渡櫓門台石垣　右面が右頬

下乗門櫓台石垣と百人番所

現在は失われた櫓門の規模は、五×二四間（九×四三・二m）ありました。その姿はこの石垣によって偲《しの》ぶことができます。

34〜37の石垣の位置関係ですが、まず36・37は南から見た同面であることは石材の目地からわかります。35の正面と37は同面で、34は36の左面と同じです。従って34と35の右面は向き合い、このような関係を人の両頬《ほほ》にたとえて、升形内から見て右頬《つら》、36を左頬《つら》と呼びます（右面・左面とも言う）。

石材は暗い色が凝灰岩、明るい色が花崗岩です。固くて高級な花崗岩を隅角部で算木積みに積み、化粧法であることがわかります。石材は切り合わせ、表面は小ノミ仕上げです。

この櫓門・多聞は明治四年の古写真にあり、壮大・豪華であったことがわかり、図2の通り二層の櫓門は西のコーナー寄りにありました。

36　渡櫓門台石垣　奥が升形で番所がある。

百人番所

櫓門を出ると左側に長屋のような番所があり、本丸に至る最も厳重な検問所です。

番所の担当は甲賀組・根来組・伊賀組・廿五騎組の四組で、各組に二〇騎、

37　渡櫓門から南へ進むと右手に百人番所がある。

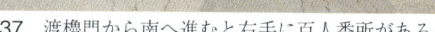

一組に同心一〇〇人ずつが配置されたのでこの名がある由です（『皇居参観』）。

　明治四年の古写真によると、下乗橋の手前に番所があり、升形内にも同心番所が現存し、百人番所も保存され、厳重な警備でした。

銅門

　下乗門を出ると、この升形と並んで銅門《あかがねもん》升形がありました。現在南辺の片側と北辺の片側の石垣が遺存しています。

　『観古図説』に、「二の丸の銅門二十

38　下乗門台（右）と銅門台石垣（奥）

二間に三間三尺、柱扉等悉《ことごと》く銅にて包むを以て名づく」とあります。二の丸に入る正門なので、銅で飾ったのでしょう。

　銅門を北へ抜けると白鳥濠・汐見坂を経て梅林坂に至る道で、左側に各期の石垣が続きます。この間三〇〇m余あります。

　『江戸城三十六見附絵図集成』では、一の門は高麗門で、柱・扉前面に銅板が鋲止めされております。

　40によって石垣を見ると、左端が門台、右方は土塀台石垣です。

39　下乗門台と銅門台石垣

40　銅門升形石垣

　石材は切石で五角・六角形が多く、亀甲積み崩しになっています。
角欠き・角落としもあるので、江戸時代後期の工法です。
　面とり（面切《つらき》り）は丁寧で、門台石垣にふさわしい技術です。
　なお、大坂城では寛永期から、角落とし・カギ型があります。

4　中之門（大手中之門）

百人番所南端から右折すると中之門があり、ここから本丸内となります。

この門は大門六門の中で、唯一升形を伴わない門で、長い多聞櫓台石垣の中間を切って櫓門だけをあげています。櫓門の大きさは四間×一三間（七・二m×二三・四m）で、台石垣は精緻な切石の布積みで、石材の大部分は花崗岩を用いて格調の高さを示しており、御三家もこの門で乗物から降りました。

この門は明暦三年（一六五七）正月の火災で焼失し、二年後の万治二年八月復興しました。手伝い普請の命を受けたのは、二本松藩主丹羽光重です（『東京市史稿第弐』）。

この門は古写真に鮮明に残されており、往時の様子がよくわかり石材は五段積みです。

今は路面の舗装で地上げされ、一石目が半分埋められているのは残念です。渡櫓門の両側に、続多聞《つづきたもん》が延びます。

41　中之門櫓門台石垣　東南より

42　中之門櫓門台石垣　南より

肥後石

『東京市史稿第壱』に、「慶長中江城御造営の時、西国・四国等の大名各領地の木・石を船に積んで献上したり。既に御本丸中の門に向ひて右方の多聞下の角の、すぐれて大きなる台石を肥後石と呼ぶ。これ加藤肥後守清正・肥後国隈本の太守として献ずるところなりと言う」（『参考落穂集』）とあります。

43は本丸中之門に向かって右側にある台石垣ですから一段目（最下段の右端）が「肥後石」と推定できます。舗装で下三分の一が埋まり巨石に見えませんが、長さは他を圧します。

43　中之門櫓門台石垣　一段目の右端が「肥後石」？

44　中之門台石垣　北東隅より　石垣の空間が入口

44は渡櫓門の南面で、古写真には一一人の老若侍が写る有名な場面です。門の通路（台石垣間）部分は三間で扉の両脇は潜《くぐ》り戸です。

門から左方三〇mほどに斜（出角入角の屈曲部）があります。45の左端が入角部分です。この上に多聞長屋があり、北面する梁の部分に狭間《さま》が二つあり、ここから門の正面を援護します（『観古図説』）。

中之門から内側が江戸城本丸で、中之門が本丸への正式な出入口です。47の門を入ると右手に大番所があります。他の同心番所と同じく警備担当役人の詰所です。

さきに見た百人番所とこの大番所だけが、江戸時代の建造物として現存しています。

46が大番所で奥の石垣は本丸多聞台石垣で、この部分に斜があり台石垣が屈曲しています。

45　中之門左続櫓台石垣　左端屈強部

46　中之門大番所

47　中之門右櫓台石垣　内側に番所

48　中之門東側続櫓台石垣

49　中之門東側続櫓台石垣

中之門の左方（本丸東面）は、本丸から下りてくる埋門《うずみもん》を経て富士見三重櫓台石垣に連結しますが、中之門から離れると石材も積み方も通常の様式になります。

48は石材は自然石若干と大部分に矢《や》穴《あな》（歯形・楔形・矢痕）があるので割石で、布積み崩しに積み古式であることがわかります。詰石もしっかり入っています。算木積みは後世の修築です。

49は右半は定形化以前の切石の布積み、左半は割石を使った布積みと落し積みです。

時間軸でみますと、48は野面石があり割石の小面《こづら》（表面）の長軸を水平に揃え、布積み崩しであることから文禄・慶長初年と考えます。本丸に天下普請以前の石垣が遺存するのは貴重です。

49は右の布積みは寛永初年、左は慶長初年です。50・51によって、古式石垣の存在がわかり貴重です。

50　中之門内側正面　奥は御納戸多聞台石垣、番所脇の斜《ひずみ》の右は御細工所多聞台

51　中之門から台地への坂道　前方を右折すると中雀門に至ります。

52　御細工多聞台石垣

53　御細工多聞台石垣

54　八つ巻き積み　55参照

5　中雀門（鍮錫門・玄関前門・御書院門）

中之門からなだらかな雁木坂を上ると、中雀門升形に至ります。本丸御殿に入る最終の門で、鉄《くろがね》・銅《あかがね》の代わりに真鍮《しんちゅう》を打ち付けたとする説もあります。升形は東西約三五ｍ・南北一八ｍの長方形です（図３）。

本丸の東面を囲う高石垣は梅林門まで続きますが、中雀門から北に延びて中之門大番所裏に斜《ひずみ》があります。中雀門～大番所間を御納戸《なんど》多聞台石垣（三二ｍ）、ここから白鳥濠までを、御細工所多聞台石垣（四五ｍ）と言います。51～56は中之門～中雀門間の登城路右手に続いています。53は規格化以前の割石で、大小の石材で布積みを意識しながら、横目地が通りません。

53は中央上部の切石の布積み部分を除いて54と同期です。石材加工と積み方の特徴から慶長年間の前半とみられます。

56を見ると点線の右と左で石材も積み方も異なっていることがわかります。石は切石規格材の布積み（横目地平行）です。左は大小の野面石と粗割石で布積み崩しです。右は寛永年間の修築、左は文禄・慶長前半の布積み崩しです。

54・55は、野面の鏡石を据えると、主石に添えた八つ巻きになることを示す文禄年間の例です。

55　鏡石（大面石）

56　継ぎ目地　点線の左が古く、右が新しい修築痕

57　中雀門升形　長方形の突き当りで右折して櫓門をくぐります。

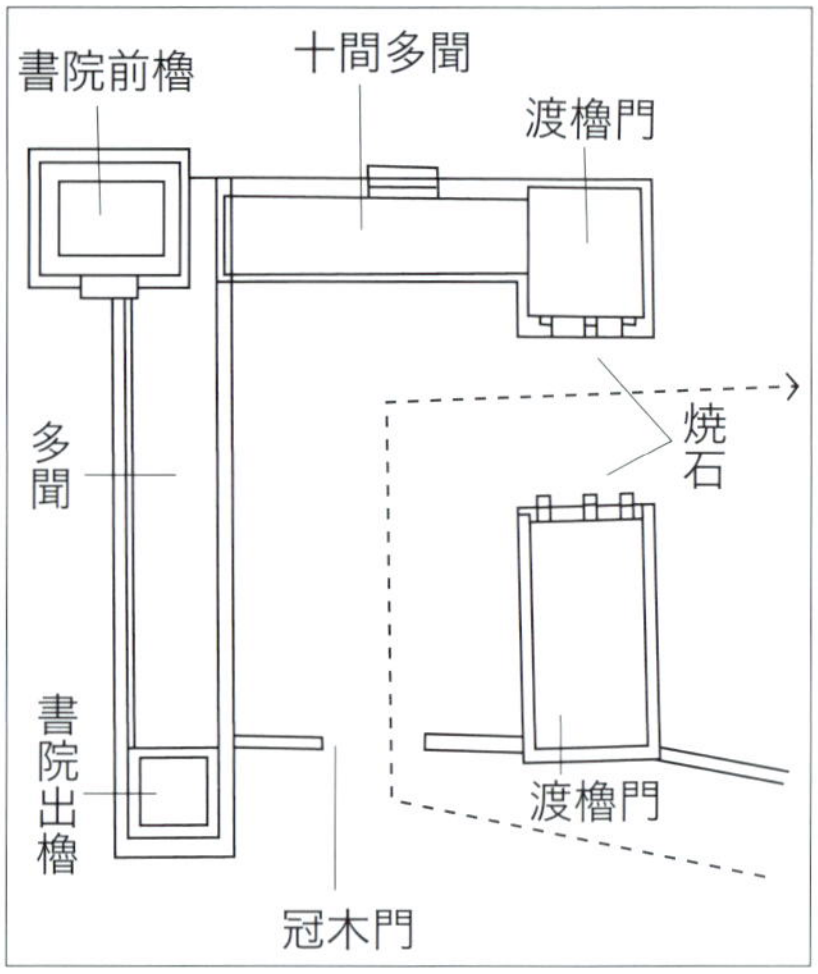

図３　中雀門升形

58　入口の渡櫓門台石垣隅角部（出角）

59　角石・角脇石以外は築石《つきいし》と呼ぶ。

中雀門升形

図3の矢印のように、南から入って右折し本丸御殿に至ります。

「慶長十二年藤堂高虎命を受け、江戸城殿主（天守）并《ならびに》追手（大手）門・鍮石門《ちゅうじゃくもん》（中雀門）の縄張をし並に其石垣を築く」（『東京市史稿第壱』）。

「明暦三年九月廿七日、玄関前門石垣其他は、二本松城主丹羽重之を命ぜらる」（『同』）。焼失後の再建です。

「万治元年丹羽光重持場の石垣工事竣を告げ、家士等賞を受く」（『同』）。

以上の史料から、慶長十二年（一六〇七）創築、明暦三年（一六五七）着工、万治元年（一六五八）竣工が判明します。

升形正面は冠木《かぶき》門（「冠木」—笠木《かさぎ》—と呼ぶ横木を、二本の主柱の上部に貫き渡した門）で、櫓門は四間×一九間と巨大です。

升形西辺は十間多聞、南辺も多聞でその東端に書院出櫓があります。これは一・二階が同規模なので重箱櫓と呼ばれました。西南隅は書院前櫓で二階です。

図3からわかるように左端が書院出櫓の台石垣、右が渡櫓門台石垣です。

62・63は渡櫓門台石垣で、升形内面は切石の布積みで、表面は丁寧にノミ切りして平滑です。この門は、古写真で良く理解できます。

59は隅角部と石材加工の教材です。細部に注目すると変遷がうかがえます。

天守炎上（振袖火事の類焼）

明暦三年（一六五七）正月十八日午後二時頃、本郷丸山町の本妙寺から出火し、乾燥と季節風で江戸を包む空前の大火となりました。天守にも火が入り、短時間で焼失しました。

寛永十四年（一六三七）黒田忠之・浅野光晟によって伊豆石で築かれた天守台石垣は、裂火に包まれて割れ・弾《はじ》け・変色し・煤《すす》けて再利用は不可となりました。

この石材は御玄関前升形の石垣に転用したとあります。60には大型の書院前二重櫓、61の上には小型の書院出櫓があり、渡櫓門と三棟で守備を厳重にしています。さて被災した天守台の石材はどこに使われたのでしょう。それは渡櫓門の両頬《つら》（台石垣の扉の左右両面）にあります。

石材を観察してみましょう。

62・63を見ると、切石で接合線（合《あい》端《ば》）は溝状に凹ませ谷目地《たにめじ》となっています。隅角部（出角）の稜線は一直線で鋭く（江戸切り）、石の面はわずかに膨《ふく》らみをもたせ、ノミで面《つら》切りして平滑です。

これらの技法は最高の部位に用いられる極限の技です。古材の尊重と、最後の門を飾った記念物です。

60　中雀門升形西南隅

62　旧天守台石材　渡櫓門台石垣

61　書院出櫓石垣

63　旧天守台石材　渡櫓門台石垣

65　突出部に柱の枘《ほぞ》穴が２列あります。

64　**中雀門**　突出部が右側にもあり、櫓門台石垣の一対です。

中雀門の構造

『観古図説』・『江戸城三十六見附絵図集成』を参考に見てみましょう。歴史資料として貴重です。

65の丸い枘穴《ほぞあな》は四角の主柱で、脇にも角柱三本があります。斜の石垣面と脇柱の間は木材で埋めます。中央の主柱に門扉が付き、内側へ観音開きになります。主柱（中央）は外寄りにあり、開扉しても門内に納まります。

66　**門台石垣右面**　火熱の損傷が痛ましいことがわかります。

元天守台のこの石材は伊豆石（安山岩）で火熱によって裂《さ》け・割れ・煤《すす》けて無残な姿です。寛永十四年（一六三七）黒田忠之・浅野光晟の普請ですが、その石材を移転した中雀門の積み方は新しい（万治元年）ので、そっくり移したのではなく、新たに切って加工し、築いたのでしょう。

何故リサイクルしたのでしょうか。前代の構造物にこもる魂の尊厳と、見苦しい壁面は板で覆われ、目にふれなかったからでしょう。

67　写真65と対をなす入場方向左面です。

二　本丸Ⅰ

1　天守台

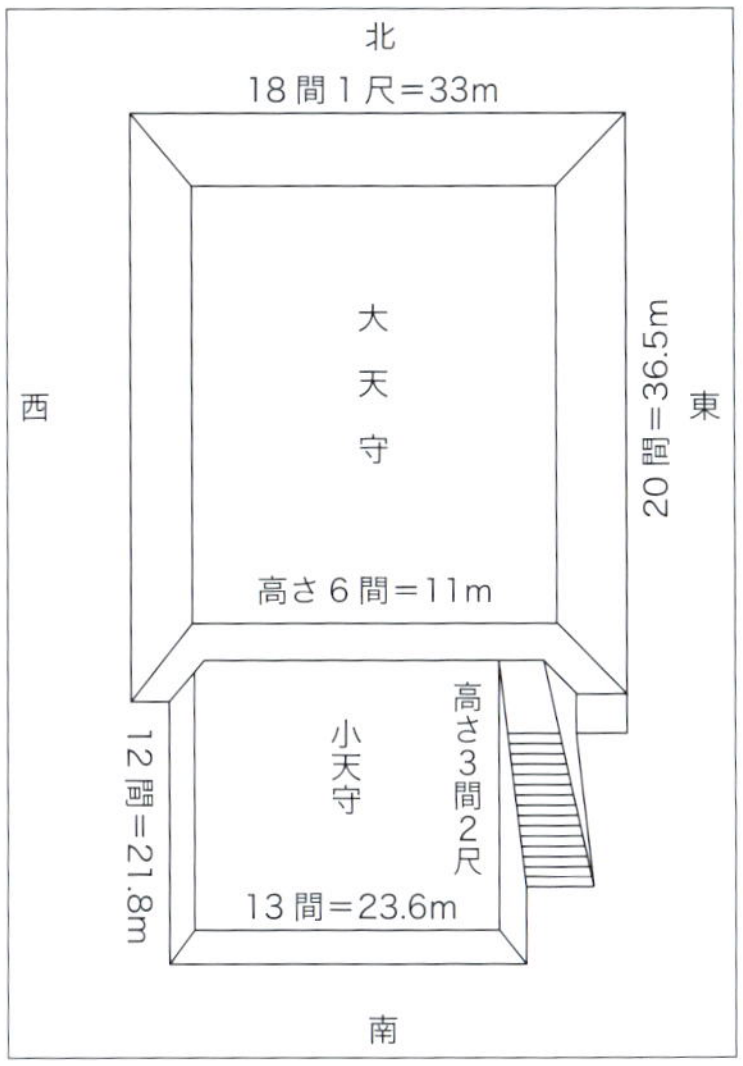

図1　天守台略図

1　**天守台北面**　北拮橋から入ると正面の壁面です。

天守閣は慶長二年（一六〇七）・元和九年（一六二三）の二度造営されました。

明暦三年（一六五七）の振袖火事で焼失した天守台は、加賀の前田利常によって再構築されました。加賀の穴太は以前大坂城の天下普請で藤堂高虎にクレームをつけられ、名誉失墜していたので、天守台という最も目立つ部位を命ぜられ、名誉回復をかけて全力投球しました。

石材は瀬戸内海の大島産の花崗岩を用い、各種職人二～三〇〇〇人と領内一万人で総力を傾け、巨石を一〇段に積みました。万治元年（一六五八）鍬始《くわはじめ》、九月二十七日竣工したのが、1の写真です（『よみがえる金沢城』2）。

2　天守台を南東から見る。左は小天守

3　**天守台石垣**　天守台と手前は小天守。白花崗岩黒安山岩です。

4　**左大天守台、右小天守台石垣**　西面

5　**天守台東南出角**　角石８段と築石10段の接合部分。

前田家の穴生《あのう》（太）家は、元和六年（一六二〇）大坂城での落度《おちど》をきつく咎《とが》められ、技術向上のため公儀穴太頭の戸波駿河や近江坂本の穴太が多数召し抱えられました。

戸波駿河にとっても江戸城天守台構築は腕の見せどころで、質の高い手《て》木《こ》・鳶《とび》・木遣《きやり》・石伐《いしきり》・鍛冶《かじ》などの専門職人三〇〇人を通年常雇いしています（『よみがえる金沢城』２）。

天守閣を予想して築いた天守台ですが、その計画を思いとどまらせたのは会津藩主保科正之（秀忠四男・家綱補佐・幕閣重鎮）でした。『寛政重修諸家譜』に、万治二年（一六五九）幕閣老臣たちが天守建設を建言したのに対し、「天守は近世の事にて、実は軍用には益なく唯観望に備ふるのみなり、これがために人力を費すべからず」と中止したとあります。

本邦随一の天守台石垣は、角石《すみいし》八段築石《つきいし》一〇段ですが、角石と築石部の接合がむずかしいのです。技術の粋を尽くした秀作です。

５は切石で布積み、目地は谷目地（薬研《やげん》目地）稜線部は笑い合端（文学的俗称）とも言います。

6　**天守台東面**　切石の布積み、上ほど石材を小さく遠近感を出します。

2　北拮橋門

平川濠・乾《いぬい》濠に面した本丸北面の高石垣は、東の梅林二重櫓台から西の西拮橋まで、出角六・入角七が連続する屏風《びょうぶ》折《お》れ（斜）で、延長約五五〇ｍあります。

本丸の搦手《からめて》にあたるので石垣は威圧感があり、最も壮大で堅固です。天守の北にあるので、守城戦になると橋を拮《は》ね上げる装置がありました。またこの門は大手門・平川門と共に、本丸への出入口でした。

北拮橋門は、本来渡櫓門をもつ升形門でしたが、今は高麗門だけが復元されています。9は土橋の先端部を一段低くして上に木橋を架《か》け、それを升形から綱を引いて拮ね上げました。古写真に水道の樋があり、本丸内の給水所だったようです。

7　**左は北拮橋門土橋**　土塀は升形、奥の石垣出隅は乾二重櫓台

8　**土橋・拮橋・高麗門**

9　土橋の低い部分に拮橋が架かり、有事の際拮ね上げます。

10　往時は、土橋際の木橋の先端に綱を付け、門に滑車があり引いて拮ね上げた。奥は天守台

11　土塀の左端、出隅が五十三間二重櫓台石垣。北拮橋を援護します。

12　高麗門の内側

13　隅角部（出隅）が３本重なり、重厚です。

14　北辺石垣の突出部で、右方が北拮橋門

本丸北壁の屏風折れ

14、15の台形の突出部が屏風折れの中央部で、左右に三段の屈曲をつけ、両側に出角・入角六か所が連続し、威圧感と厳粛美があります。防御の指揮所は拮橋門にあり、西の角に乾二重櫓、東に五三間二重櫓、東端に梅林二重櫓の三櫓で援護します。櫓間は多聞と土屏によって防御されています。

五五〇m連続する高石垣は圧巻ですが、積み方を見てみましょう。隅角部は完成し硬くて丈夫で美しい花崗岩で目立たせ、乱積みが主流です。部分的に切石の規格材で布積みが見られます（15の壁面の右上）。これは寛永期の修築です。

本丸北面の創築はいつでしょうか。諸書を検討すると、慶長十九年（一六一四）の第二次天下普請の時期とするのが妥当です。

同年四月西国大名の大部分が、一万石当り四五坪を担当して主郭（本丸・二の丸・三の丸）他の助役《すけやく》大名として、最大規模の石垣修築に着工とあります（『江戸城のすべて』）。

『東京市史稿第壱』に「土佐の山内忠義　慶長十九年一番丁場城北大橋西高石垣を分担」とあるので、北拮橋の高石垣は山内忠義の構築とみることができます。

15　左端隅角部が、梅林二重櫓台

3　西拮橋門

天守台石垣の東南裏から柚木門に入りますが、自由に出入りはできません。皇居参観の手続きが必要だからです。

　門の左側の石垣は柚木多聞台石垣で、これに沿って狐坂を通って台地を下り、左折して下埋《うずみ》門（現在なし）を通ると西拮橋升形に入ります。二〇m×一〇m程度の小型で左上に菱櫓台の石垣があります。この北東面（左手）の石垣が二段積みです。

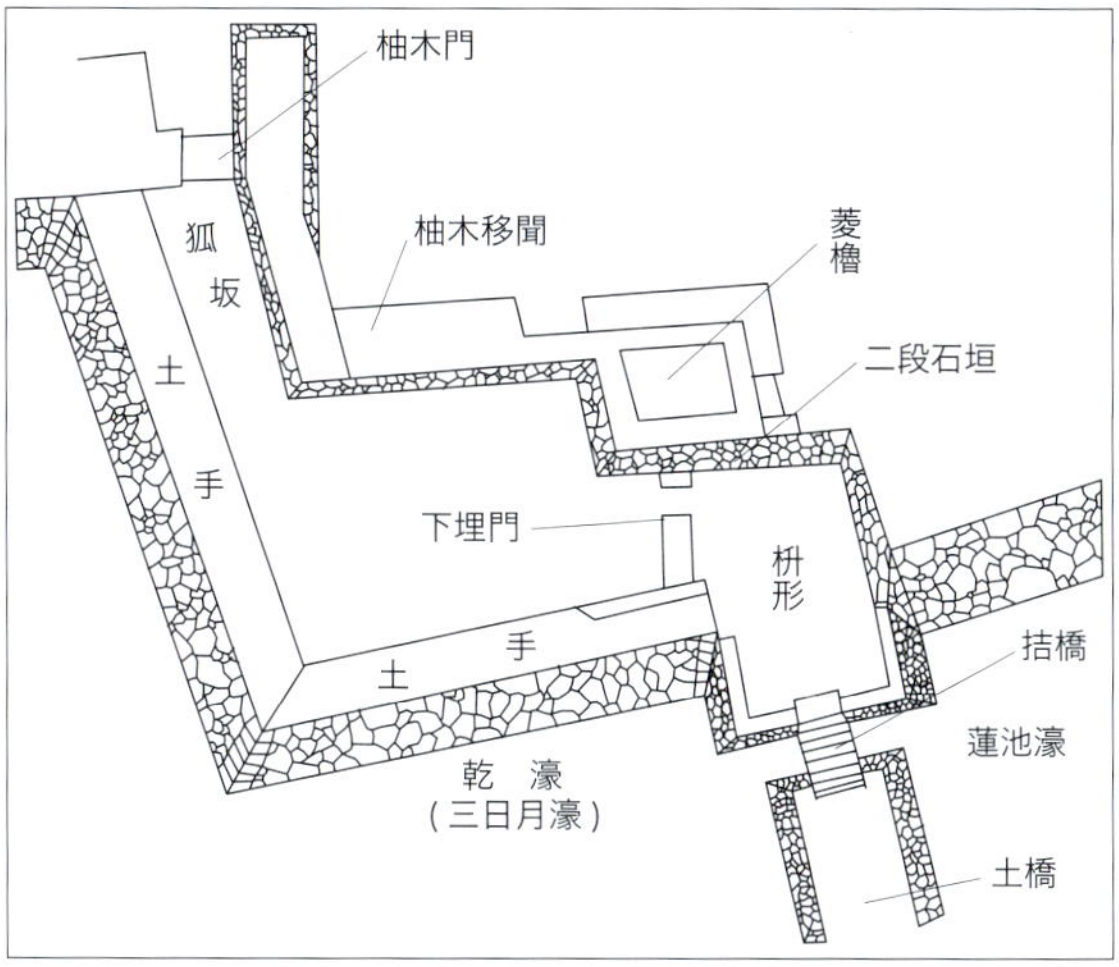

図２　西拮橋門平面略図

16　柚木門台石垣

17　柚木門跡

18　柚木多聞台石垣

※入苑御希望の方は、皇居東御苑管理事務所（03-3213-1111）（要照会です）

　北拮橋門に対する西拮橋門だから、対等の要地で、拮橋構造であることはそれを意味します。天守台の西で大奥から西の丸吹上への通路の北は乾濠、南は蓮池、吹上側には道灌濠・紅葉山門があります。

　本丸と西の丸を結ぶ重要ルートなのに、創築は記録に見えず残念です。

　修築は寛延二年（一七四九）・宝暦十一年（一七六一）・寛政十一年（一七九九）西拮橋鵜首《うのくび》石垣修築の三件のみで、他は不明です（『東京市史稿第壱』）。

19　二段積み石垣の隅角部　法《のり》がゆるく二段積みです。

20　角石の３～４段の稜線の間に、狭み石があります。

21　野面石の小面の長軸を水平になるよう積んでいます。

二段積石垣

西拮橋門升形北東面の石垣です。

筆者は平成十一年四月七日に、皇居参観で初めてここを見学したとき、これは古いと直感して感動し、年代の手掛りを得ようと図書館に通い、江戸城に関する五〇冊近い文献を調べたものの、これが慶長九年（一六〇四）の天下普請以前の、一大名徳川家の創築を指摘した例はありませんでした。ただ一例だけ、『探訪日本の域２関東』の中の「江戸城　円地文子」の写真のキャプションに、「道灌時代の面影をしのばせる本丸西拮橋口」とありました。

作家の目にも、他の石垣とは全く異なる自然にとけこんだ奥床しさを感じさせる石垣に映ったのでしょう。

22　下は野面石中心で布積み崩し、上は粗割石で布積み崩しです。布積み部分は修築。19・20の隅角出角石間に狭み石があります。

23　隅角部の狭み石　稜線の角度調節のため文禄年間中心。

24　野面石と矢穴のある割石

江戸城最古の石垣

23の隅角部を見ると、白の長い割石（花崗岩）が一本目立ちます。これが右引きで、その上の左引きの石との間の稜線部に「挟《はさ》み石」が詰められています。初期には、稜線の角度を調節するために入れますが、慶長初年を過ぎると角石を加工して角度調節が可能となり、挟み石は見られなくなります。

角脇石は準備されず、築石が入りこんで代理し、まだ算木《さんぎ》積《づ》みが完成しない段階です（19の奥は退潮期の修築）。

24は築石が丸みのある野面石で、大きさと形状が多様で隙間（目地）が大きく空きます。従って横目地は通らず、間詰に大小の石が詰められています。口が空くのを笑い積みとも言いますが、笑顔のように愛らしく見えます。

時間帯によって陽光が変わり、それに合わせて陰影が変わり、立体感を増し自然にとけこみます。

25　土橋の鵜之首石垣と拮橋

これらの特徴は文禄年間に集中しますので、江戸城最古の石垣で見学に欠かせないベスト・ポイントです。

この年代には高石垣を築く技術がなく、その代わりに中段に犬走りを設けて二段に構築して高くします。

上の段は修築が見られ、野面石と割石を用い横目地を通そうとしていますが、上下で異なるのは時代差か意匠差か不明です。

25は拮橋で、奥の橋台は布積み、鵜之首（土橋）石垣は落し積みです。

4　本丸東面高石垣

26はさきに見た中之門の続多聞《つづきたもん》台石垣の北端部で、後世改築された石垣です。角石は短く、築石は方形に規格化され、角切りや角欠け・五・六角形もありますが、特色は縦に平行の「すだれ」（条線加工）があることです。すだれは壁面を美しく化粧するためです。明暦三年（一六五七）振袖火事で江戸城が全焼し、その復興のとき初めて化粧したのが全国に流行しました。従ってこの石垣は明暦以降です。すだれは、明暦以前に存在したとする説もあります。

26　中之門続多聞台北端部　築石にすだれ加工しています。

27は入角《いりすみ》を観察すると右の壁に左の壁を後から合わせているので、右の落し積みが古く、左の布積みが新しいわけです。

28・29は白鳥濠沿いの石垣で、共に慶長十一年（一六〇六）四国・中国・九州の大名に課した普請です（『東京市史稿第壱』）。

隅角部は共に角脇石が準備されず、28は弓勾配・29は寺勾配（直線に延び上端部で立ち上がる）です。

石材は粗割石で、布積みを意識しながら部分的に落し積みが混在します。

27　右御細工所多聞台、左は二の丸添積石垣

28　本丸台所前三重櫓台高石垣、慶長11年構築

29　本丸汐見二重櫓台石垣、慶長11年構築

白鳥濠高石垣

本丸の北辺・西辺同様この部分も甲乙つけ難い圧巻です。北・西辺と白鳥濠の東辺で決定的に異なるのは、北・西の隅角部は算木積みが完成しているのに、東では未完成だということです。その差は八年（慶長十一年と十九年）で、目覚《めざ》ましい進歩が確認できます。

30の壁面は逆三角形に中央上部の布積みと右の乱積み、左の布積み崩しの時期差があります。修築です。

31・32は謎の石垣です。30の上にありますが、見覚えがありませんか。西拮橋門下段の、本城最古の野面積みと同じなのです。小面《こづら》（表）の表情を見比べて下さい。何故ここにあるのか、推理してみて下さい。

30　本丸白鳥濠高石垣

31　本丸台所前台石垣　西拮橋門と同じ石材です。

32　本丸台所前台石垣　同左　何故ここにあるのでしょう。

1　汐見坂で、右折すると汐見門台石垣があります。

2　白鳥濠と奥は汐見坂、右二の丸左本丸です。

3　**汐見渡櫓門台石垣**　奥の建物は、宮内庁楽部

4　汐見坂を登りきると踊場があり右折して3に入る。

三　二の丸Ⅰ

1　汐見坂

皇居東御苑のほぼ中央にある白鳥濠の北にあり、往時は坂の上から海を見ることができたので汐見の名が付いたと言われています。

埋立以前は江戸湾は日比谷から皇居前広場まで深く入りこみ、銀座は海底で、江戸城台地は日比谷入江に突き出た半島で、天守台のあたりは縄文時代の貝塚があります。

汐見坂を登り右折すると、汐見渡櫓門跡があり、両頬《つら》石垣が金網に覆われています。よく見ると中雀門の焼石(元天守台石材)とそっくりです。中雀門のほかにここでもリサイクルしたのでしょうか。あるいはここで罹災したのでしょうか。おそらく二の丸と本丸をつなぐ大切な門の権威を高めるためでしょう。

4は算木積みがほぼ完成しましたが、築石は規格化以前で落し積みなので、元和年間と考えることができます。記録はないので、技法を読み取るしかありません。

汐見多聞台石垣沿いの道

5の左上は本丸で、南から表《おもて》（儀式・行事・対面の場）・中奥《なかおく》（将軍の執務・大台所）・大奥《おおおく》（奥方・子女・側室・女中の居所）に分割され、ここの左上は大奥です。

二の丸との境を、汐見多聞で仕切っていました。この台石垣は度々修築され、スダレによって明暦三年以降、切石の規格材や角欠け・角切り加工などで、江戸時代後期中心の姿を留めています。

5　汐見坂の下を北に100m余、汐見多聞台石垣が続き奥は梅林門跡です。

6　汐見坂右手の石垣　切石の布積み

7　汐見多聞台石垣　積み替えられた石垣

8　中央の鏡石のスダレが横線で、修築がわかります。

9　角欠け・角切りがあり、江戸後期の技法です。

2　梅林坂

天守閣と三の丸の中間にある坂道で、平川門から入れば下梅林門→上梅林門→五十三間郭（仮称）→天守台・北拮橋となります。

道灌が菅原道真を祀るため平河神社（現平川一丁目）を創建して梅樹数百株を植えました。現在は紅白梅六〇本で、二月下旬満開となります。上下門台石垣は、寛永四年です。

10は隅角部に長大な花崗岩を使い、両頬《つら》は端正です。12は江戸切り（鋭い稜線）・谷目地・小ノミ仕上げで化粧しています。13・14は、割石で落し積みが古く、切石・布積みは新しい技法です。

10　下梅林一の門（高麗門）台石垣。内側垂直・外側弓勾配です。

11　下梅林二の門（櫓門）台石垣で見事な切石です。奥は15の石垣です。

12　11の右側隅角部で、立派な化粧です。

13　坂道左（南）の喰違門の東・西隅に入角があり、これは西です。

14　この入角は東です。接合部によって13は左、14は右が古いとわかります。

15　上梅林門升形の東多聞台石垣の南端です。15・16は同一石垣の両端。

16　隅角部上に梅林二重櫓があり、水面は平川濠です。

17　角石・築石から慶長前半期です。

16は、本丸北面屏風折れの東端部の出隅で、往時は梅林二重櫓が建っていました。

　この壁面は東面して南北に延び、その南端が16です。石材・積方ともに同期です。

18　稲葉正勝に寛永四年梅林坂石を築かしむ（『東京市史稿第壱』）とあります。

梅林門と明治四年古写真（『観古図説』）

　この図説に、梅林坂付近の二枚の良好な写真があり、往時の姿が彷彿《ほうふつ》と浮かびます。

　図説の第十六図は、左端に汐見多聞台石垣の北端隅角部、その向かいに上梅林渡櫓門、中間に喰違門、その向かいに番所、櫓門続多聞台石垣がはっきりと写っています。

　図説の第二十六図は、左端に上梅林の渡櫓門台石垣右端に下梅林渡門、両者の中間に番所が写っていて手に取るようにわかります。

　現況では19の通りですが、往時は厳重に警備されていました。

19　二の丸喰違門跡で、奥に上梅林門石垣が見えます。

四　三の丸帯郭

1　平川門

三の丸北端にある門で、三方が濠に囲まれています。木橋は、和田倉橋と二例残るのみで、古い擬宝珠《ぎぼうしゅ》が一〇個現存します。別名不浄門と呼ばれるのは、死者・罪人をここから出したからとされ、別にお局御門《つぼねごもん》と呼ばれるのは、大奥女中の通用門だったからとされます(図1)。

この門の特徴は、虎口前空地・帯郭門があることです。渡櫓門は大正大地震で焼失し、後年鉄筋コンクリートで復元されましたが、旧態をよく残しています。

2の石垣天端と土塀の間に五個の角穴が見えます。藤堂高虎考案の銃眼と言われています。

この石垣の年代は、「江戸御城三之丸虎口(平川門)御門石垣、伊達政宗ら御手伝」(『東京市史稿第壱』)とあり、東国大名を動員(元和六年第三次天下普請)しています。

1　平川橋・虎口前空間・高麗門・渡櫓門・不浄門・帯郭などがあります。

2　**平川門升形**　左は櫓　奥は渡櫓門。寛永年間の積み方です。

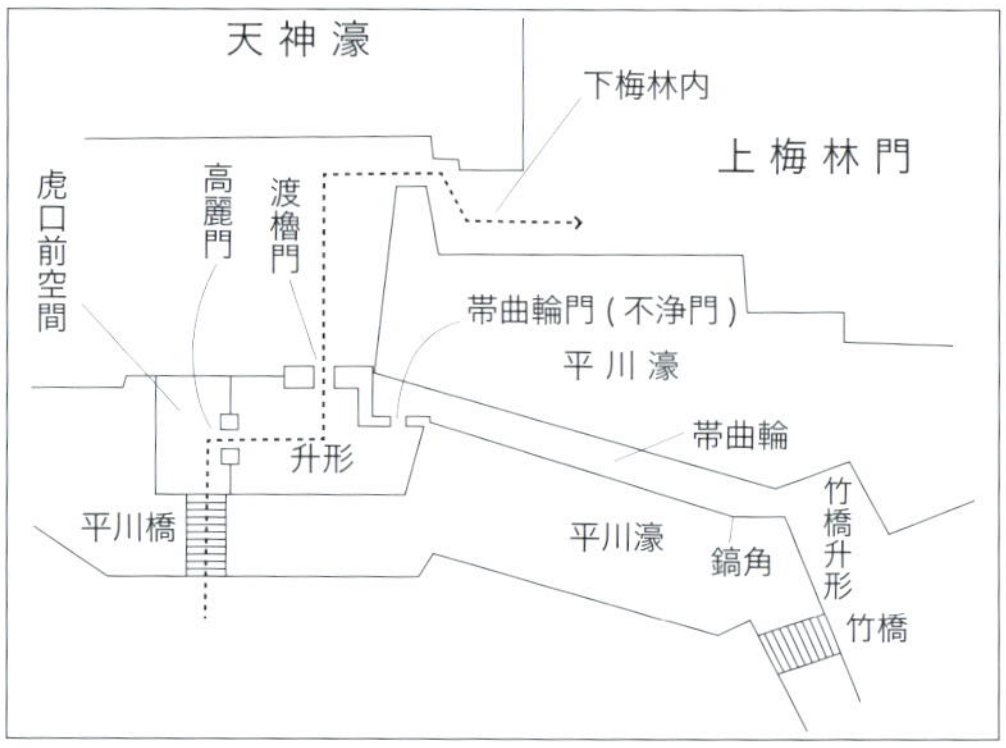

図1　平川門平面略図

3　升形西隅に高麗門があり、出ると帯郭です。

4　一の門は高麗門で、左折れで渡櫓門を出ます。

平川渡櫓門

図1でわかるように平川門升形は、平川濠に突出した外升形で出撃の陣地であることがわかります。

平川口の方は、初めは守りが手薄だったので、伊達政宗が城中に召されて碁を打つたびに「後（平川口）から攻めるぞ」が口癖《くちぐせ》だったので、補強を命じて帯郭他を築かせたのは、よく知られた伝承です。

渡櫓門の創築は元和六年（一六二〇）頃と考えられ、関東大震災（大正十二年）で焼失後、鉄筋コンクリートで復元されました。しかし、石垣はそのままなのか修築なのか記録はありません。

5・7が渡櫓で、規模は四×一九間（七・二×三二・二m）です。

隅角部の石材は丁寧な切石で稜線は鋭く、谷目地で小面はビシャン仕上げのようです。築石も五・六角形で亀甲積みも見られる布積みで、元和年間には見られませんので、鉄筋コンクリートにするときに積み替えたと推定できます。

9・10は、算木積みが完成し、築石は規格化された切石の布積みで、寛永年間です。

5　渡櫓門表

6　渡櫓門隅角部

7　渡櫓門裏（内側）

8　渡櫓門隅角部

9　升形東面

10　升形南面（帯郭対岸）石垣

帯郭・付《つけたり》一橋門

図1のように平川～竹橋門間に築かれた、長さ約二〇〇m・幅二〇mの土手状郭です。

本丸裏を竹橋から遮《さえぎ》るのと、平川濠の水位調節が目的でしょう。

ここは本丸に近く、防御のため濠を三重にして竹橋門と雉子橋門（清水濠沿い）、平川門と一橋門（外濠沿い）を接近して配置しています。相互加勢に適した郭群です。

11　西より見た平川橋と升形石垣。石は帯郭石垣です。

12は元和年間伊達政宗が築いた帯郭で、屈曲部は算木積みにできず、一石二面取りの角石になっています。粗割乱積みの部分と、規格化した切石の部分があります。元和の創築で寛永の修築でしょう。

13・14は一橋門で、平川門との間に吉宗の第四子宗尹《むねただ》の家敷がありました。十一代家斉・十五代慶喜は、ここの出身です。

12　帯郭が直線に西に延び、竹橋升形の手前で鎬角（鈍角）に折れます。

13　**一橋門台石垣**　首都高速道路下で、水面は外濠です。

14　わずかな痕跡ですが、一橋門跡です。

平川橋擬宝珠

現在慶長十一年銘が四口《こう》・寛永元年銘が六口（個）です。これらは、城内の各橋から集めたもので、四行書きです。

慶長拾九年
甲寅八月吉日
御大工
椎名伊予

これらは江戸城関係金石文の中で最古のもので、慶長銘のものは、西の丸下乗門（現二重橋奥の二重橋）の欄干《らんかん》を飾ったものと言われています。この橋は現在鉄橋です。

15 慶長十九年八月吉日銘

16 慶長十九年八月吉日銘

17 慶長十九年八月吉日銘

18 寛永元年八月吉日銘

19 寛永元年八月吉日銘

20 寛永元年八月吉日銘

21 寛永元年八月吉日銘

22 寛永六年八月吉日銘

23 寛永元年八月吉日銘

24　竹橋台石垣　西から見た旧木橋の袂《たもと》

25　竹橋石垣、東から見た橋の袂（天端の低い部分）

26　竹橋門台石垣　内部は竹橋蔵、水面は清水濠

27　竹橋升形　石材の変位欠損で修理を要します。奥は梅林二重櫓台石垣

2　竹橋門

清水濠と平川濠の合流点に架けられた橋で、慶長年間には「御内《みうち》方通行橋」とあり、元和六年（一六二〇）伊達政宗らによって普請されました。ここは本丸の背後を護る要所でした。

橋名の由来は、竹製の橋が最初に架けられたからと言われていますが、確かではありません。

升形は、東西五〇m×南北四〇m程度で、一の門は東向き二の門は右折して北に進み、渡櫓門は四×一九間（七・二×三九・二m）程度の大きさです。

竹橋にまつわる話に、秀忠の長女千姫が豊臣秀頼夫人となったが、大坂落城後本多美濃守と再婚、間もなく死別しこの付近に吉田御殿を建て、四〇年間住んだという話ともう一つは、西南戦争の恩賞に不満をもつ二〇〇名の近衛兵が反乱し、銃殺に処せられた竹橋騒動があります（『江戸と江戸城』）。

西の丸下乗橋門台石垣　国内随一の精緻な加工技術（小ノミタタキ仕上げ）です。

五　北の丸

1　清水門

門の名称は天台宗の慈覚大師円仁が、平川のほとりに清水寺を建立したからとされます。江戸城北の丸の中央出入口で、寛永元年（一六二四）安芸の浅野長晟が建築しました。現在国指定の重要文化財です。

1　清水門升形と清水濠　L字に折れた堀に突き出た外升形です。

田安・清水・一橋は三卿《さんきょう》と呼ばれ、将軍家後継が絶えたときには将軍に選ばれたので、御三家より優位にあり領地（藩）はもたず、屋敷だけを貰いました。門は屋敷内です。

清水濠は直角に西南に折れ一二〇m続きます。牛ケ淵との境が、長さ五〇mの土橋で、水位の調節をする小滝があります。牛ケ淵の水位が高く、清水濠に落ちます。

2　清水門升形　清水濠に面して土屏がなく、押し入った敵を濠へ追い落とす武者落しです。

3　高麗門から櫓門へは雁木坂で石垣は寛永期です。

4　清水濠が左へ折れる出角石垣で、乱積みです。

清水門の守城戦

この門は内濠のうち、北部東北面の中央にあり、防御上重要な位置を占めますが、不思議なことにここには櫓門に連続する渡櫓《わたりやぐら》（多聞・走長屋）がありません。その分弱体と思われますが、武者落し（土屏なし）にしたのは対岸の上から升形に押し入った敵を側射でせん滅《めつ》する作戦だからです。

４・６でわかるように、対岸（北の丸側）の石垣を折って清水門升形を外升形に築き、この濠と土橋を平行に設計して土橋上の敵を側射します。さらに高麗《こうらい》門を押し入って升形内に入ると、櫓門は閉じて入れず濠側に土屏がないため対岸石垣上から銃を並べて連射します。何故外升形にし、濠面を仕切らないのか、対岸石垣と平行なのかも理解できます。

5　**清水門升形**　高麗門から右折して櫓門に入る。右端が小滝です。

6　出角が４（濠の左折点）で右が土橋、高麗門（下に小滝口が見える）櫓門があります。

7　**旧清水家屋敷の表門**　石垣は寛永期で右の石段を雁木と言います。

8　北の丸石垣の対岸石垣（水敲き）で、下３段は古く、上は新しい。

2　田安門

九段坂にある田安門は北の丸北端にある升形門で、慶長年間北の丸の増築の際設けられ、江戸城から上野《こうづけ》（群馬）方面に至るので、上州口と言われました。

慶長十二年類焼し、元和六年（一六二〇）東北の大名に命じて竹橋門と同時に改修させました。関東大震災の大正十二年（一九二三）大破し、高麗門は修築しましたが、渡櫓門はその後復元されました。

9　**土橋と高麗門**　この門は明暦大火・関東大震災でも焼失しなかったそうです。（扉金具刻銘より）

土橋は水面幅で五〇m、長さ四〇mと頑丈な造りですが、半蔵門～田安門間の千鳥ケ淵の水面と、田安門～清水門間の牛ケ淵の水面の差が大きく、その水圧を支えるためです（『江戸城とその付近』）。

橋は木橋の方が防御上は有利ですが、江戸城は水面の比高差があるので土橋が多いのです。

10　**高麗門内側**　騎馬武者が、指旗を立てて出入りするので、高さがあります。

昭和三十三年小丸俊雄氏が、高麗門の肘坪の銘を発見されました。肘坪は大扉を支える金具で、次の陰刻があり年代と職人名が判明します。

寛永十三丙子暦（一六三六）
九月吉日
九州豊後住人
御石火矢《いしびや》大工（大砲鋳造職人）
渡辺石守康直

（『江戸城とその付近』）

11　**渡櫓門内側**　門台石垣は切石の布積みで、元和・寛永期です。

『東京市史稿皇城篇第壱』に、「正保四年（一六四七）五月十三日、江戸大地震城壁崩壊する所少なからず（中略）、同年六月阿波国城主蜂須賀忠英に田安門升形並に其の左右の石垣普請を命ぜらる」とあります。

13の石垣は、福井藩主松平忠昌が、寛永六年正月田安御門お手伝い（『東京市史稿第壱』）とあるのは下三段で切石の布積みですが、石材の角を切って五角形にする角切りをしています。三段より上では多角形の切石を横目地を通さずに積んでおり、後世の手法つまり修築されていることがわかります。文献に見える通り正保四年の可能性も考えられます。

九段坂にある田安門は、昭和二十年八月まで近衛連隊の門でした。この連隊は、天皇護衛のために設置された連隊です。皇宮警察は後身と言えます。

12　渡櫓門正面

13　渡櫓門台石垣の一部　修築痕があります。

鉢巻石垣（斜面上の低石垣）

田安門土橋から南方へ、千鳥ケ淵・半蔵濠・桜田濠間三kmは高い土堤と広い濠へ（五〇～一〇〇m）で高石垣は無く、北は固いものの南は土堤と濠の無防備の縄張りです。

「霊岩夜話」に家康の話として、「将軍が当城に居るのは東夷（北の外様）を押えるためで、帝都（南）の方は味方だから要害は不要」とあります（『江戸城のすべて』）。

江戸城は伊達に備えた城と言っていいるのです（斜面下部は腰巻石垣）。

14　田安門東の土堤上の鉢巻石垣　切石の布積みで寛永年間です。

六　本丸Ⅱ

1　蛤濠の石垣

濠の西端部が丸いので、この名を付けたと言われます。東端部にあるのが本丸巽三重櫓で、ここは平地でも西の丸と継ぐ蓮池門があり、中之門以南は本丸所属です。この櫓の北側に御金蔵・寺沢二重櫓などがありました。

　1・2・5の櫓台石垣は、天端《てんば》石（最上段の笠石）が垂直に据えられています。これは建物の壁と一体に垂直にするための配慮です。

1　**蓮池二重櫓台石垣**　石垣内部が蓮池門　水面は蛤濠

「慶長十一年日本国中より西国大名衆は津の国の御影石（花崗岩）こそ固うして其色白しとて、此大石を数十艘の舟にのせ、江戸の港へ持ち運んだ」とあります（『東京市史稿第壱』）。

　江戸城の御影石は、慶長十一年（一六〇六）以降の使用です。

2　**巽三重櫓台石垣東面　左は坂下門**　花崗岩が目立つ元和期の乱積み

4　**東面石垣の斜（出角入角）**　元和期の乱積み

3　角石に花崗岩を用い算木積み完成、築石は乱積みで元和寛永期

5　**巽三重櫓台石垣**　天端石を垂直に積みます。

2　富士見櫓

明暦三年天守焼失後は代用天守と称され、俗に八方正面の櫓と言い、城内第一の景観です。『石道夜話』に、「御本丸富士見御櫓台石垣は大猷院（台徳院か）様御頼みにて加藤清正公御差図之由」とあります（『東京市史稿第壱』）。年代は慶長九年説と十一年説があり、位置は道灌の「静勝軒」の跡地とされます。

関東大震災で破損し、白セメントで復元した後昭和四〇年代白漆喰にもどされ、重厚感があります（『江戸城のすべて』）。

6　左南面・右東面　隅角部稜線は天端近くまで直線で、古い様相です。

8　宮内庁から見るビルに囲まれた富士見櫓

7　唐破風・千鳥破風・石落しが見え、最良のアングルです。

9　初重平面は六×七間。東より見る。

富士見櫓台石垣下にあった蓮池東端部は、長さ南西面六〇m、東南面二〇m、幅四〇mにわたって埋め立てられました。

そのため石垣の基部は数m埋まり、かなり低くなっている点に御注意下さい。

10・12の稜線はまだまだ下方に延びているのに、見えないのは残念なことです。石垣が蓮池からそびえていた往時は、櫓が高く天守のように見えたでしょう（ここに入るのには、参観手続きを要します）。

10・12は長さ五〇mある東面の両端部で、隅角部の稜線は上端部を除いてほぼ直線で古様です。

10　**富士見台石垣東面北端部**　下方の右は下埋門石垣です。

11　**富士見櫓台石垣南端下半部**　規格化切石の布積みです。

12　**同東面南端部**

角石・角脇石も不定形で算木積み完成以前の段階です。他の例では、慶長十一年（一六〇六）以後は出角には白色花崗岩を部分的に配石されていますが、ここでは見当りません。

加藤清正の技法の特徴として、文禄・慶長期から直線勾配から反《そ》りへの変化、角石の長い算木積みへの変化、石材の布積みの多用などが指摘されています（『城郭石垣の技術と組織を探る』市川浩文氏）。

13　**富士見櫓台石垣**　南面東端下部　矢穴のある割石です。

14　石材は野面石と矢穴の残る割石で、詰石が多い。

15　石材の小面に14・15ともに刻印があります。

刻印

野中和夫氏の『石垣が語る江戸城』には、「富士見櫓台の東南壁で七五個以上、同西南壁で一四〇個以上、両者合せて優に二〇〇個を超える刻印を確認することができる。ここでの刻印は以下四つの特徴をあげることができる。

一は、施文されている用材は、角石・角脇石・平石の区別なくまん遍なくみられること。二は、刻印は一個の石材につき一点であり、しかも小型である。三は、刻印の分布は、東南壁が立つ直下の範囲に集中しており、下埋門《うずみもん》の北半では皆無である。西南壁では櫓の直下およびそれに続く中央での密度が高く、西に行くにしたがって希薄となる。垂直分布でみると、上位ではほとんどみられず、中位以下に集中している。四は、刻印の種類は十八種類である。以下略」とあります。

17は富士見櫓の北西面で、東南面と比べると、唐破風がなく当然ながら石落しもないなど装飾性に欠けています。

16は上埋門の入口でここから台地の下の下埋門まで七折坂を下ります。富士見櫓と西の丸をつなぐ近道で、緊急用でもあります。

17　**富士見櫓北西面**　台石垣上の隅櫓ですが、地面の上にあります。

16　**上埋門**　金網の左に門台石垣があります。

下埋門と続多聞台石垣

18の右手が19で、上埋門から屈曲して下り、ここに出ます。隅角部稜線は直線で鋭く、戦国武将の心意気を表します。先端で垂直に反るのは櫓の壁面を揃《そろ》えるためです。

21・22は矢穴の多い慶長期の割石で隙間に詰石があります。20の割石と切石は詰石の有無でわかり、上に乗りかかる方が後の石積みです。

18　**富士見櫓台石垣北東隅角部**　法《のり》はほぼ直線で上端で反る寺勾配です。

19　**下埋門跡升形**　左は18の面、右は続多聞台石垣

20　右と左の間に継目地があり、左は古く、右は新しい石垣です。

21　隅角部は19の右側です。慶長年間築造

22　左の21から続く台石垣です。元和年間築造

23　本丸南面（正しくは西南面）石垣　全面一定間隔で出角・入角があり、横矢斜となっています。

3　本丸南西面高石垣　付《つけたり》乾《いぬい》濠石垣

下埋門から西桔橋門まで四五〇mにわたって本丸南西面を囲う高石垣は、本城随一の圧巻です。この間出角六、入角五か所の屏風折れ（斜《ひずみ》）になっています。大坂城南外堀石垣もこれに類似します。

石塁線が東と西に突出部があり、東が富士見宝蔵多聞、西が御休息所前多聞（現富士見多聞）です。出角（算木積み）入角は大黒柱の役割を果たしますから、単に美しい出角の稜線を揃えて壁面を飾るだけでなく、これによって格段に強化されます。それに斜は横矢を射掛ける陣地です。

23の奥の白壁は御休所前多聞（現富士見多聞）で、左端は西桔橋門です。

富士見櫓台石垣は慶長十一年加藤清正の構築ですが、蓮池に面した全壁面は同時期に構築されたものと考えられます。同年調達開始した花崗岩の使用開始です。

24　宝蔵多聞台石垣出角　角石に花崗岩を使っています。

25　右が宝蔵多聞台、左が富士見多聞台石垣で、正面は凹みの部分です。

本丸西面・同白鳥濠の東面・北拮橋の北面の三面は、算木積みも築石《つきいし》の加工も、積み方はほぼ共通し、第一次天下普請（慶長九〜十八年）の間で、十一年を中心とする時期とみて間違いはありません。ただ隅角部の稜線の法《のり》と反りに違いがあります。富士見櫓台石垣は寺勾配、24・25・27は弓勾配（矩《のり》返《がえ》し勾配）です。時期の差ではなく積み手（大名・穴太衆）の違いです。

26　御休息所前多聞（富士見多聞）で、長さ約40mの長屋（倉庫兼射撃陣地）です。

慶長十一年三月九日、黒田長政文書に、「一書申遣候、一わり石何十人持の石、人数何程にて、一日に石いくつ出来候と、つもり（見積）を仕候て申し越す可し、左様に候へば、幾日に石数何程出来候と有事、此方にてつもりを以て普請之者に申付、其上を以て未進過上之算用をも仕候はば手間入間敷候」（黒田御用記『東京市史稿』所収）とあります。石材の大きさ、一日の製作量などがわかれば見積り可能だから、自然石から割石へ変わった、ということです。

27　隅角部の角石に花崗岩が使われ、強化とともに弓勾配の美しさを強調しています。

28は花崗岩の築石を意図的に配置し、ある模様を表現しようとしています。まるで鹿《か》の子絞《こしぼ》りのように、白いまだらを染め出したようで女性的です。戦国武将の心意気を表すのであればわかるのですが、何故鹿の子まだらなのでしょうか。

　この背後の本丸高台の北部は、大奥の中の大奥御小座敷・大奥対面所・大奥御座の間があります。ここには奥方・側室・奥女中多数の住まいです。このことと無関係でしょうか。

28　築石に花崗岩を配し、左方は切石の布積みで修築です。

乾濠（三日月濠）

本丸の主軸長（南北）は六〇〇m、北辺は三〇〇m・南辺は一〇〇mで一周約一、六〇〇mあります。総石垣でこのうち北拮橋門～西拮橋門間の乾濠は、本丸側に出角二・入角二の屏風折れ、対岸は半円形なので三日月濠とも言います。平川・蓮池濠をつなぐ要所です。花崗岩算木積みの上に、乾二重櫓がありました。

30の右出角は29の奥の出角です。奥正面の石垣は北拮橋門の土橋です。29は27より反りが強く布積みを意識し、若干新しいようです。

29　手前は北拮橋門の西出隅、奥は西拮橋升形の出角

30　西拮橋門の土橋上より、北方を見る。

七　二の丸Ⅱ

1　二の丸濠石垣

寛永十二年に二の丸が拡張され、北部がコの字型に三の丸へ突出しました。この濠は大正八年、宮内庁病院・馬場・車庫を設置のため埋め立てられました。

埋めた範囲は、内桜田門～下乗門二三〇m、下乗門から東へ一〇〇m行って巽三重櫓跡から北へ折れ、一五〇m行って（中間に斜がある）東三重櫓から西に折れます。四〇m先まで計五八〇mにわたって埋め戻されました。

拡張工事は濠を掘り、石垣を築く他庭園工事もありました。動員された大名は津の藤堂高次（大手下乗橋升形・二の丸石垣）、広島の浅野長晟（二の丸石垣）、三次《みよし》の浅野長治（二の丸石垣）、久留米の有馬豊氏（二の丸庭園）で、石垣工事のうち藤堂氏は一三〇間（二三四m）を担当しましたから石垣の大部分は藤堂家が築きました（『千代田区史』上）。

『観古図説』に、明治四年の巽三重櫓の遠景に東三重櫓が写っています。濠は埋められても、石垣は残っているので見てみましょう。築石は切石ではありますがまだ規格化はしない段階です。しかし横目地を通して布積みにしようとする意志が強く感じられます。記録によって年代が確実なこのような資料は、研究上とてもありがたいのです。切石積みは寛永初年にスタートし、布積みが完成するのは寛永末年なので、その中間段階の二の丸石垣は、研究上の基準となります。

1　下乗門北、南面石垣　大手休憩所裏

2　二の丸南面石垣　尚蔵館裏

3　二の丸石垣南面　石材は割石で定形化せず、寛永12年をさかのぼる元和年間の様相があります。

4　矢穴の多い割石ですが、布積みに近付いています。

5　隅角部は算木積みが完成し、布積みです。

6　巽三重櫓台石垣で、算木積みは完成しています。

2　天神濠石垣

二の丸濠の延長上にあるのが、菅原道真を祀った天神社にちなむ天神濠です。二の丸をとり巻く二の丸濠の延長上にありますが、東西二〇〇m、北に折れて六〇m遺存するのが天神濠です。

　二の丸濠の延長上にある天神濠は、寛永十二年（一六三五）の構築と考えられます。9の算木積みは完成しており、7・8の築石も布積みにしようと意図していますので、文献と技法に矛盾はありません。

7　平川門を出ると、この標柱があります。

8　**天神濠北端部石垣**　古い乱積みの上に布積みが乗っています。

9　東西濠の中間に、北三重櫓台石垣があります。

10　**天神濠の北端部**　平川門から下梅林門に至る土橋が、右の石垣です。

八　桜田濠

1　半蔵門

吹上郭の西の門で、旗本服部半蔵の邸が近くにあったのでこの名となりました。麹《こうじ》町山王《さんのう》（日枝《ひえ》神社）の祭礼に、はりぼての象が半分しか入らなかったから、の話は笑話です。

古写真に米を積んだ牛車と百姓・武士が写っており、奥に半蔵門の高麗門・升形土屏と渡櫓門が見えます。「渡リ門ヲ取払ニカヽル処」の註記があります。

1　**半蔵門升形と高麗門**　渡櫓門は撤去されています。

2　**半蔵門濠土手鉢巻石垣屈曲部**　一定間隔で出角入角があります。

清水門～桜田門間は、大土塁（濠の土量を掘ってできた法《のり》面）上に鉢巻石垣が延々と続き、大雨・地震などで孕《はら》み変形で修築が進められています。土堤の裾をとり巻くのを、腰巻石垣と言います。

2・3は、規格化された方形切石の布積みで、寛永年間後半であることがわかります。安定化のため、上に行くほど石が小さくなります。

半蔵門は両陛下・皇族が利用されます。

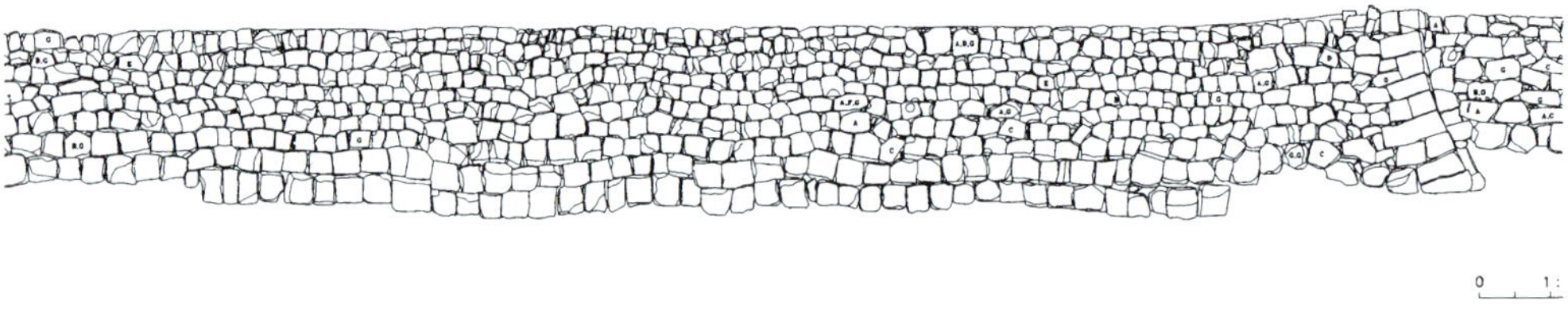

図1　半蔵門鉢巻石垣実測図（『江戸城の考古学』より）　石垣上には土屏が延々と続きました。

3　**半蔵門鉢巻石垣**　清水門～桜田門間に続き、高さは二・五ｍほどです。

2　桜田門（外桜田門）

西の丸下郭《したくるわ》（現皇居外苑）の南西隅の、桜田濠に突き出た外升形の門です。小田原街道の基点なので、小田原口と言われました。

万延元年（一八六〇）三月三日、大老井伊直弼《なおすけ》が水戸浪士に襲われたのは、邸《やしき》を出て三〇〇m、土橋の外六〇mの地点です。

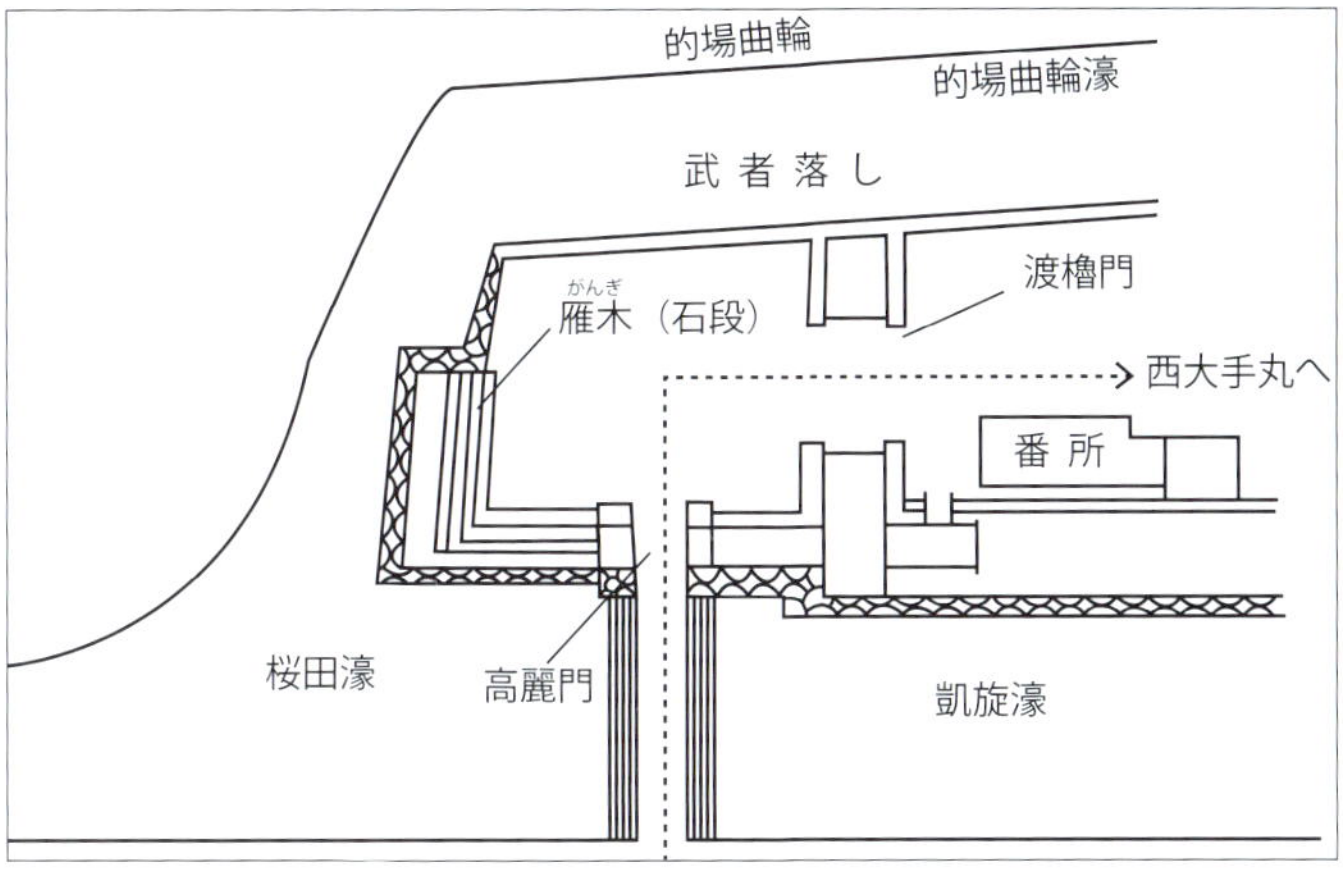

図2　外桜田門略図

元和六年（一六二〇）内郭諸門と同時に完成し、寛永十三年（一六三六）には高麗門が完成しました。大正十二年九月一日関東大震災で大破し、その後鉄筋コンクリートで復元しました。

図2で、警視庁方面（南）から土橋を渡って一の門（高麗門）をくぐると升形に入ります。升形は東西六〇m、南北四〇mで南西端が突き出ているのは、北辺が武者落しになっていることを隠《かく》す罠《わな》です。一の門を破って押し入れば、対岸的場曲輪《まとばくるわ》から一斉射撃でせん滅します。

4　土橋・高麗門・渡櫓門

升形は右折れで渡櫓門（四×九間）をくぐれば西の丸下郭です。

石垣は4の隅角部は算木積みが完成し、切石の布積みで寛永期を裏付けています。5の門の主柱両側に立石が使われ、短冊積みと言われる装飾法です。

5　**桜田高麗門**　奥は的場曲輪石垣、武者落しなので、上から狙撃します。主柱両脇は立石（短冊積み）です。

6　**桜田門土橋**　一の門（高麗門）、二の門（渡櫓門）です。

7　土堤と鉢巻石垣はここで始まり、清水門まで連続します。

6のように、外側の門を一の門、内側の門を二の門と呼ぶのが一般的（辞書等）ですが、研究者によっては渡櫓門を一の門、高麗門を二の門と呼ぶこともありますので、ご注意下さい。

櫓門のある升形門は、外曲輪一二、内曲輪一五、三の丸三、二の丸四、本丸四、西の丸・紅葉山七計四五ありましたが、渡櫓門は旧来のものとしては外桜田門・平川門・内桜田門・西の丸大手門・坂下門があり、何れも関東大震災後修復されたものです。新しく復元したものとしては大手門・清水門・田安門があります。西の丸大手門・坂下門を除き升形の高麗門が残っています。高麗門のみが残っている例は半蔵門・北拮橋門です（『江戸城のすべて』）。

6の高麗門の左右には銃眼があったものを、復元の際なくしてしまった由です。

8　渡櫓門正面で、内部が升形です。

9　**正面右の石垣**　石材も加工も吟味しています。鏡石（大面石）が2個あります。

九　二重櫓濠

1　西の丸的場郭

西の丸は辞任した将軍（大御所）・世継ぎの住居で、文禄元年（一五九二）拡張に着工し、工事は継続します。石垣工事の記録は、慶長十九年（一六一四）・寛永五年（一六二八）に見えますが、寛永五年に集中的に見られ、西の丸玄関石垣・西の丸的場石垣と具体的記載があります（『千代田区史』上）。

1は算木積みが完成し、築石は斜めに左半分は切石の布積みですが、三角形の範囲で割石の乱積みの部分があり、若干古い様相があります。

2・4の築石は定型化した切石で布積みですから寛永年間が妥当です。

3を見ると、算木積みの石材は整って定形化し、見事な稜線を見せています。角石は長く控《ひかえ》（奥行き・石尻）は角度をとるため下がります。そのため水平の築石と調整のため、割石を使っているのでしょうか。

1　西の丸的場郭　南西石垣

2　的場郭　東面石垣

3　的場郭　南東部隅角部

4　的場郭　東面石垣

5　的場郭　東南隅角部

2　玄関前門

享保二十年（一七三五）以前の絵図によれば、大手升形があり、高麗門を入ると直線に渡櫓門を出て右折し、中仕切門を出て右折して下乗橋を渡って下乗門に入ります。

現在は高麗門の位置に渡櫓門を移しました。往時の下乗橋は、濠が深いので橋桁を二重（二段）にしたので二重橋と言いました。

6　**西の丸大手橋（正門石橋）**　明治20年12月木橋から架け替えました。現在算木積みは積み替えています。

7　**西の丸下乗橋（正門鉄橋）**　明治21年10月架け替えました。

8　**西の丸下乗門石垣東面**　この面は通路から見えないので目立たない石垣です。

9　**西の丸下乗門右台石垣南面**　橋は正面鉄橋です。

10　**下乗門左台石垣東面**　高貴端正です。

下乗門石垣と伏見櫓

昭和九年から半世紀近く侍従・侍従長を勤められた、入江相政氏の『皇居』の一文を引用させていただきます。

二重橋のいわれ　そのまま進むと間もなく二重橋。皇居の正門の前の石の橋を二重橋とよく云うが、本来はもうひとつ奥の高いところにかかっている鉄橋が二重橋である。それというのが幕末に写した写真を見ると、今の鉄橋は木橋で、その下の段にもうひとつの木の橋がかかっている。上段・下段に橋桁《はしげた》があるからこそ二重橋という名も生まれた。

以上

12と五五ページ写真の石垣の出隅稜線は鋭い江戸切り、目地は深い谷目地、表面は小ノミ敲《たた》き仕上げで面《つら》はふくらみやさしく暖かい。慶応二年の写真はこの石垣ではないので、明治六年下乗門が焼けているので、それ以後の構築です。

11は京都の伏見城の櫓を移したと伝えられ、江戸城には富士見櫓・桜田二重櫓とここにしか遺っていません。

11　伏見櫓南面　右は十六間多聞、西南に十四間多聞。

12　下乗門台東面石垣　谷目地の布積みで美しい石垣です。

13　坂下門　土橋は蛤濠と二重橋濠の接合部にあります。

3　坂下門

西の丸の坂下にあるのでこの名があり、現在は宮内庁の出入口ですが、往時は西の丸への裏門として升形門でした。東向きの高麗門を入って左折して渡櫓門を出る配置でしたが、皇居造営の際交通の便から高麗門を取り除き、その位置に渡櫓を北向きから東向きに変えて移転し、升形を撤去しました。関東大震災の際に破損したため後鉄筋コンクリートで改築しました。現在は、皇室の通用門として使われています。

老中の磐城平藩主安藤信正が、文久二年(一八六二)一月十五日、水戸浪士に襲撃されたのはこの門外で、この事件を「坂下門外の変」と言います。

13は花崗岩の算木積みで、築石は割石で布積みを意識していますが、布積みは未完成です。

14は角石に控えの長い石を使い算木積みは完成しています。築石は割石で定形化せず乱積みです。以上のことから元和～寛永初年と判断されます。

16は渡櫓門の表で、左右上部白壁に縦長の窓がありますが、17の裏にはありません。東京駅中央より千代田通りを西へ進めば、正面に見えます。

14　坂下門升形東南隅角部

15　宮内庁庁舎　東より二重橋濠越しに見る。

16　渡櫓門　東より表を見る。

17　渡櫓門　西より裏を見る。

十　西の丸下

1　和田倉門

徳川氏が江戸に入った頃、この辺を和田倉と呼ぶようになったのは、日比谷入江がこの辺までだったので、わだつみ（海）の倉庫の意味とされます。明治天皇が、初めて江戸城に入られた明治元年（一八六八）、和田倉門から入城されました。

渡櫓門は関東大震災で大破し、翌年一月の地震で崩れ、橋は腐朽が甚だしいので、紀元二千六百年（昭和十五年）復旧に着手しましたが第二次世界大戦で中断し、戦後復興しました。江戸城木橋は平川橋と和田倉橋の二つだけで木橋が遺されており貴重です。擬宝珠も実物を用いています。高麗門は部材が保存され、半蔵門に復元されました（『江戸城とその付近』）。

写真は木橋と、西側の石垣です。

1　**和田倉橋**　橋の幅で高麗門があり、両石垣との間は土塀台低石垣で、奥は升形です。

2　**和田倉門跡**　手前も右も濠は和田倉濠です。石垣内は升形で東西30mです。

3　低石垣は門脇の土塀台石垣で、右（高い方）が先で左（低い方）は後付です。

4　**和田倉升形東南隅**　石垣は元和様式です。

和田倉門と凱旋《がいせん》道路他の開設

和田倉門は西丸下の東北隅《すみ》に東面してあり、標本的な升形門で一の門を入り二の門を左折して城内に入ります。元和六年（一六二〇）升形門に修築されました。往時は和田倉濠の北東角から外濠(常盤橋門と呉服橋門の中間点)まで約七kmにわたって「道三堀」という濠がありました。水位差があり現日比谷通り部分が土橋だったので、この地点を「龍ノ口」と呼んでいました(『江戸城の今昔』)。

　道三堀は江戸城普請の際、石材・木材など輸送の基幹水路で、ここで舟から降ろして、現場に配分しました。

　皇居としての江戸城は、近代化のため皇居外苑を公園式に改める必要から、三本の道路開設計画が立てられました。

　祝田《いわいだ》橋～大手門間の凱旋道路（現内堀通り)・馬場先門前通り・行幸道路(現千代田通り）の三本です。

　日露戦争の講和条約が調印され、明治三十九年四月三十日の凱旋大観兵式に間に合わせて開通し、この名が付されました（『皇城』）。

5　和田倉門から南90m、左は行幸道路（千代田通）です。

6　東京駅西中央の千代田通り（行幸道路）の延長上にある土橋（長さ70m・幅73m）

7　**和田倉門左袖石垣**　背後が升形内部です。

8　**左の拡大図**　鏡石と添え積みの八つ巻きで、入口の守護神です。

2　馬場先門

二重橋の正面にあり武士・一般人も通さず不開《あかずの》御門《ごもん》と呼ばれました。明暦大火後防災上から開放されました。寛永六年（一六二九）和田倉〜桜田間の石垣修築の際、升形も完成しました。名称は三代将軍家光が、ここの馬場で朝鮮曲馬を見たことからいつの頃からか馬場先と呼ばれました（『江戸城とその付近』）。

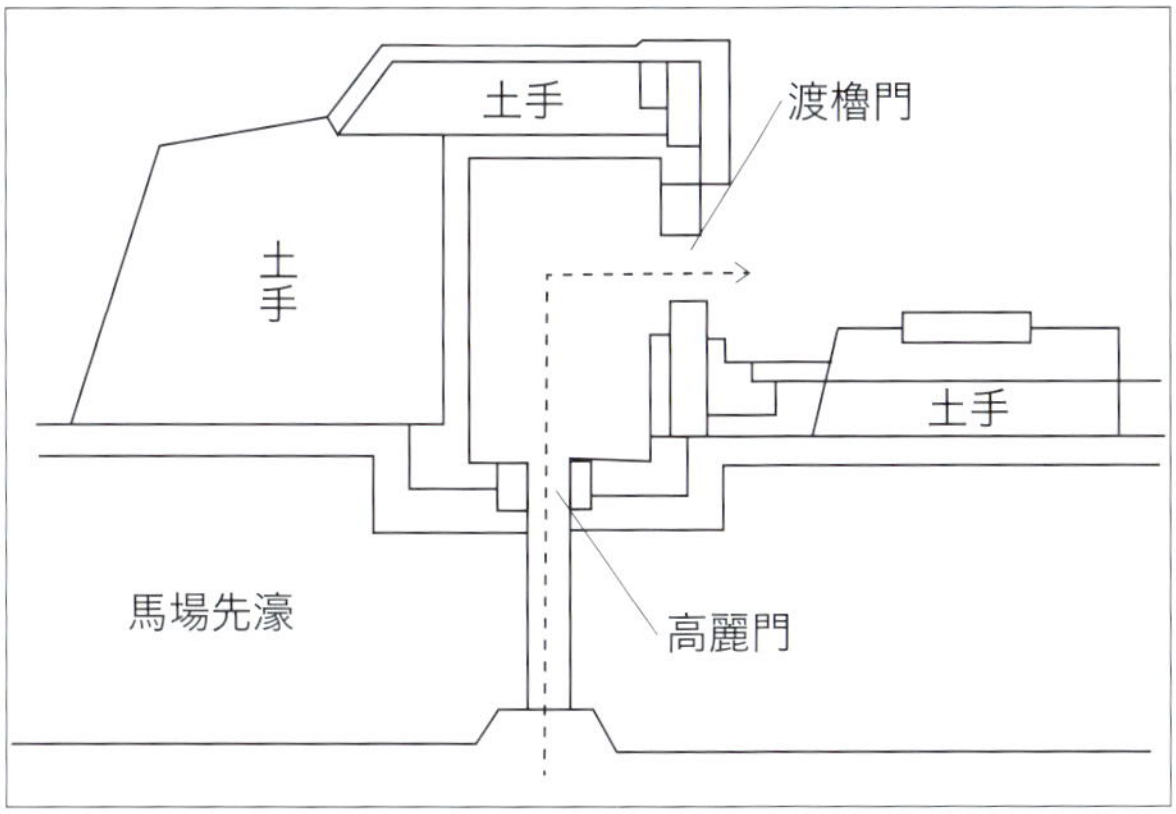

図１　馬場先升形略図　明治37年群集が殺到して、死傷者多数を出しました。

戦後レディ・ファースト思想が入ってきたとき、日本には江戸時代からあったと叫んだ代議士がいたとか。その心は「ババサキ門」が江戸城にあった、という笑話です。

第四次天下普請で、和田倉門・馬場先門が竣工、算木積みが完成し、切石の布積みはかなり進行していますので、文献と石垣は年代的に整合します。

明治三十七年五月、日露戦争の戦勝祝賀会で、提灯《ちょうちん》行列に参加した民衆が升形門で将棋倒しになり、数十人の死傷者を出し、多数の右折進行の困難を証明しました（図１）。

9　馬場先門前通り（右端土橋）と、その南方石垣

10　馬場先門土橋と皇居外苑南西隅間に斜があります。算木積み完成

11　隅角部両側は、乱積みです。

3　日比谷門と日比谷濠

12　日比谷見付渡櫓門台石垣北端部　大正年間修築

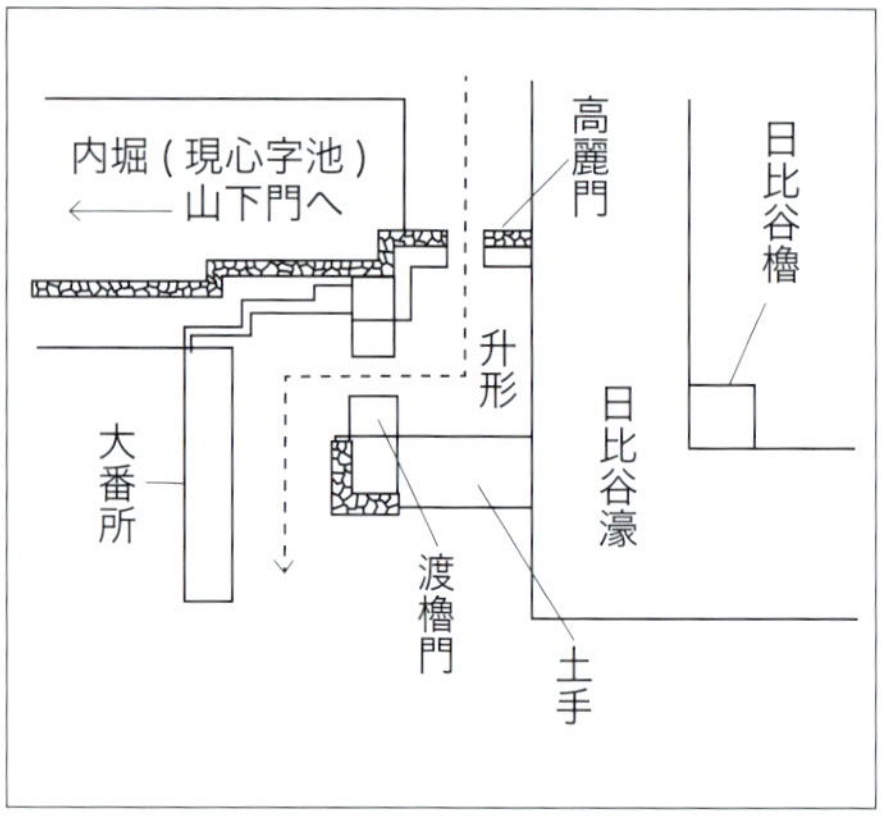

図2　日比谷門略図

日比谷門の正面は日比谷濠が直角に西に曲がり桜田門に向かっていました。押し寄せた敵を丸の内方面（大名小路曲輪）に入れないために、東方の数寄屋橋門と連携して応戦しました。渡櫓門は一五×四間（二七×七・二m）、升形は一三×一〇間（二三・四×一八m）で、門前に橋がないのが特徴です。

図2のように、高麗門は西向き、渡櫓門は南向きで、升形の長辺北側は日比谷濠に接するため仕切りはなく、武者落しになっています。もちろん対岸の日比谷櫓から射撃するための、武者落しです。

古くは土居（土塁）のみの喰違《くいちが》い虎口《こぐち》であったものを、寛永四年（一六二七）に浅野長晟が石垣を積み、同六年に伊達政宗が升形門に築きました。江戸湾の海岸がここまで達しており、日比谷入江と呼ばれていた海を埋め立て武家屋敷としました。

今も渡櫓門台石垣の北端部が遺っています（12）。

13・14は心字池と呼ばれる池で、往時の海の一部を残して濠とし、その濠の一部を池としました（『江戸城とその付近』）。

この濠は南へ延びて東へ折れ、数寄屋橋門から常盤橋を経て雉子橋に至る、寛永十三年（一六三六）以前の外濠なのです。

日比谷公園付近は、江戸時代は有力大名の上屋敷（鍋島・毛利氏など）でしたが、明治四年頃から陸軍の練兵場（日比谷と東京駅一帯）で、明治三十六年近代公園の最初の試みとして開園しました。

13　日比谷門升形西面石垣の延長です。

14　日比谷濠屈曲部から40m西にずれた濠で、海→濠→池と変化。

15　**祝田橋から東方を望む日比谷濠**　右奥の高層ビルの手前下にあるのが、マッカーサーのGHQ司令部の置かれた第一相互ビル

西の丸下郭（皇居外苑）東辺の内濠は、北から和田倉濠・千代田通土橋・馬場先濠・馬場先門前通・日比谷濠（西に屈曲）・祝田橋・凱旋濠・桜田門土橋・桜田濠の順となります。全長は濠の外岸で一、七二〇m、幅は八〇～五〇m、和田倉橋以外はすべて土橋です。

　日比谷通り沿岸のこの内濠は、日本の中心点JR東京駅前であり、皇居の正面でもあり、日本のイメージを発信する大切な位置と言えます。

　日比谷入江はすべて埋めたわけでなく、和田倉門から日比谷交差点に至り、さらに西にほぼ直角に外桜田門に折れた濠と、今は埋められた日比谷交差点～日比谷公園内～日生劇場と帝国ホテル間の道路～山下門までの、三つの直角に曲る濠がありました。

　この直線と直角の部分は、いわば不定形な江戸前島の西側の海岸線を、埋め立ての際に直線に直し、なおかつ濠の幅の分だけ埋め残した部分だったのです（『幻の江戸百年』）。掘った濠でなく、埋め残した濠だとは、今は誰も気付きませんが、日本の中心点の歴史として、想い起こすことが大切だと思います。

16　**日比谷濠を東から西を望む**　奥は祝田橋

17　**日比谷濠東辺中間の斜**　算木積み・布積みとも、寛永期です。

18　日比谷濠東面　方形切石の規格材を布積みにしていますが、中央右に三角状に落し積みがあり、修築の痕跡です。

19　日比谷濠東南隅角部　日比谷濠の屈曲点で、出角の上に櫓がありました。

日比谷濠の石垣は、東西二四〇m、やや鋭角に折れて南面二七〇mのL字型です。南面には中央に祝田橋、斜二か所、東面には斜二か所があります。斜は横矢構《かま》えとも言い、石垣に舟で取り付いた敵を側斜するとともに、出角・入角は石垣の大黒柱の役割があり、背後の土圧に耐えて自立性を高め、孕みを防止します。寛永六年（一六二九）「伊達政宗は芝口・日比谷両門を負担す」と『伊達氏治家記録』にありますので、日比谷濠の石垣も同期とみることができます。

20　屈曲部北方三〇mと一三〇mに斜が二か所あり、ここは一三〇mの地点です。

4　凱旋濠（祝田橋）

東京の市街は江戸時代のものをそのまま受け継いでいますが、次第に不便なことが多くなって市区改正新設計として告示されました。明治三十七年五月八日、九連城陥落《かんらく》の祝捷《しゅくしょう》行列が馬場先門に入ったとき、雑沓のため死傷者を出したことは先に見ました。

このことをふまえて皇居前広場を公園式に改めるとともに、凱旋道路・馬場先門前通り・行幸道路（千代田通り）の開設が進められました（『皇城』）。

21　祝田橋（凱旋道路）より日比谷濠東方を望む。

『史学叢説』に、「城郭石垣の外面は必ず数百間毎に四～五間位ずつ出張りて築きたり。こは横矢の構と称し、寄せ手の城に向ひたる時、正面の矢丸《やだま》は防ぐ可きも、側面の矢丸は防ぎ難きにより、城上側面より敵を射んとの構《かまえ》なり」（『東京市史稿第壱』所収）とあり、横矢構えの効用を説明しています。

23の左（内面）は慶長末～文禄年間の落し積みです。祝田橋の両頬《つら》（面）の現代の間知《けんち》積みは城郭にふさわしくなく、文化財の修築には避けるべきです。

22　日比谷濠石垣の中ほどの斜（横矢構え）

23　日比谷石垣を切断した凱旋道路の断面石垣。東側

24　石垣断面西側　左右ともに明治38年の間知積み（布積み）

十一　外濠

1　常盤橋門

JR東京駅北方五〇〇m、日本銀行本店前にあります。城下町日本橋に近く創築は天正十八年（一五九〇）とされ、江戸最古で大橋・外郭正門・大手口・浅草口とも呼ばれました。名称は『金葉集』の、「色かへぬ　松によそへて　あづま路の　常盤の橋に　かかる藤なみ」にちなむと言います。

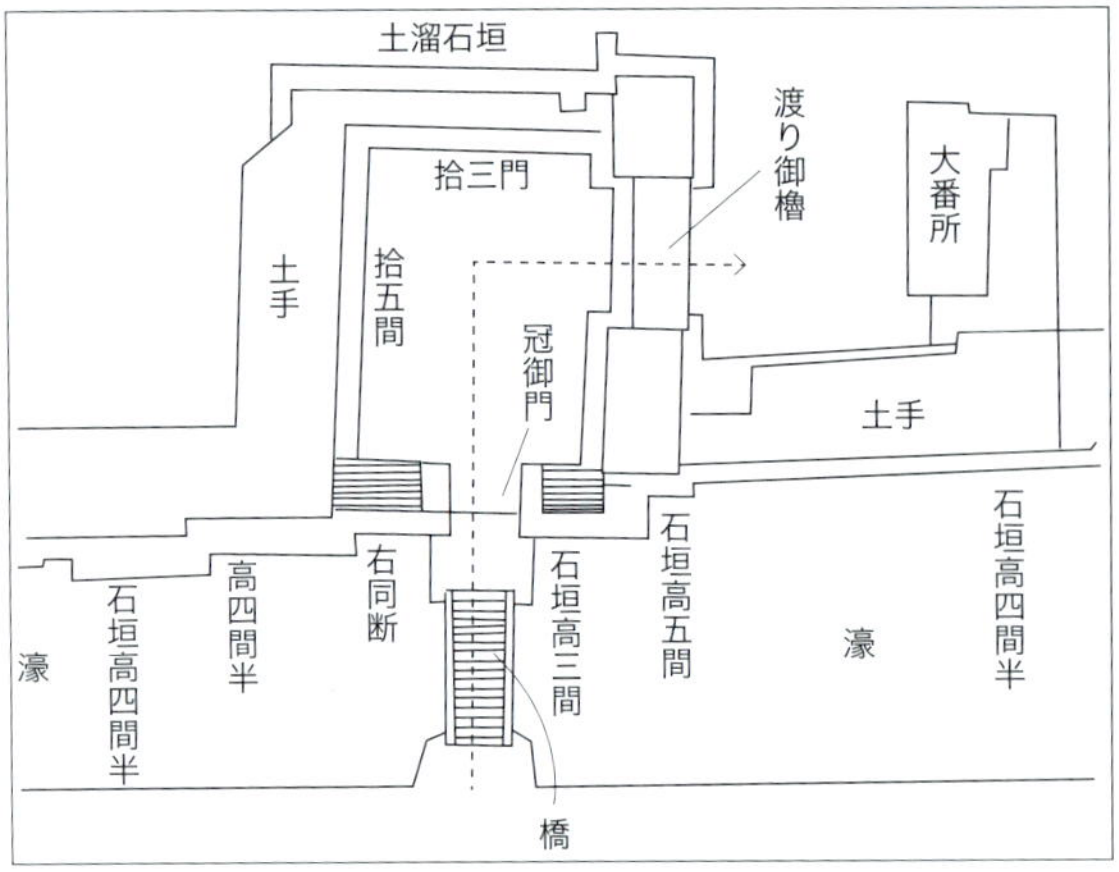

1　常盤橋門升形略図

現在の橋は明治十年外国人技師の設計になる洋式橋の創始とされます。升形の石垣の一部が遺っていますが、寛永六年（一六二九）改築されたものです（『江戸城とその付近』）。

奥州街道（あづま路）の要地なので、この名をとったのでしょうか。往時は長さ一七間余、幅六間とされるので、江戸一の大橋でした。門内に北町奉行所があったことは有名な話です。昭和三年（一九二八）発行の『江戸城の今昔』に、「大正七年頃まで外部に残存する唯一の升形であったが、大類博士・鳥居博士其他多数の識者の反対があったにも拘らず、交通不便の名の下に一部を破壊されてしまった。其後新常盤橋と別に常盤橋が出来た。再び得難い史蹟をさしたる理由なくして故意に破壊したのにも等しい当時の当局の汚名は永久に消えまい」とあります。

2　常盤橋高麗門脇石垣　左奥は升形十五間石垣

3　常盤橋と升形石垣　首都高速都心環状線の下にあります。

4　常盤橋門南側東西石垣　3段以上は後世の積み替えです。

『観古図説』によると、外濠に木橋が架かり、高麗門があります。その両側に袖石垣があり、上の土屏は失われています。升形に入り右折して渡櫓門を出ます。升形の正面と左は土塁（土留石垣がある）で、上に樹木が写っています。『江戸城三十六見附絵図集成』に、「寛永八年（一六三一）から門内に北町奉行所が置かれたが、宝永四年（一七〇七）呉服橋門内に移り、後またこの門内に移り、文化三年（一八〇六）に門、番所ともに焼失後、文化四年には門は再建されたが、番所は呉服橋門内に変わり役屋敷跡は大番頭巨勢日向守に与えられた。門は大正七年まで外郭唯一の升形として遺っていた」とあります。

5　**正面石橋は明治10年外国人技師の設計**　左は升形石垣

6　**石垣**　両側石垣は高麗門袖石垣。升形石垣の一部は国指定史跡です。

7　**升形石垣**　外郭唯一の升形門にふさわしい石材です。

8　**升形石垣**　黒ずんでいるのは文化３年の火災による。

2　牛込門

9　牛込門升形石垣

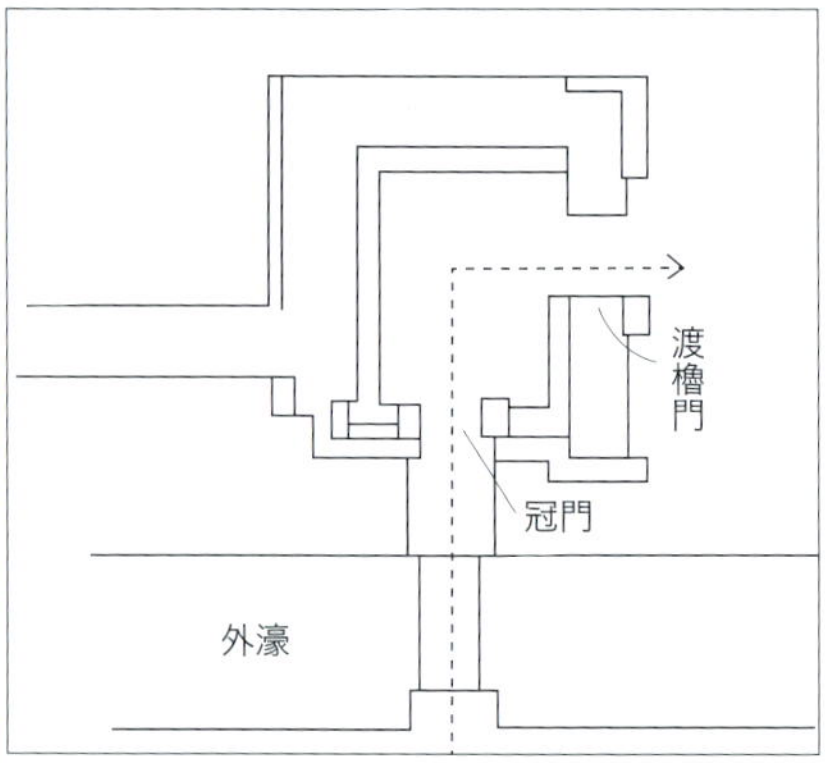

図2　牛込門平面略図

『地下鉄七号線溜池・駒込間遺跡発掘調査報告書』に、『牛込御門外橋詰』があります。発掘調査で検出されたのは、橋詰の土手の法面の部分で、地上の美観を意識した石材・積み方ではなく、土留石垣で埋められていた石垣なので、升形内の門台石垣との同時性をみるうえで、非常に良好な資料です。構築年代は寛永十三年（一六三六）と考察されています。石材は安山岩で大きさは縦五〇～六〇cm、横七〇～八〇cm、控え（奥行き）一〇〇cm前後、刻印多く、矢穴多く、条線加工があり、表面は自然面と節理面で、積み方は切石の布積みです。土木工事としてはこのように把握できますが、升形の石材は装飾性が要求され、角石は大型切石・築石も吟味されています。

門の左右の濠の水面の高さが違うので土橋にして水を支えていました。昭和三年牛込駅の改築で破壊されました。往時は隅田川からここまで船で荷物を積み降ろししました。升形は壊されたものの見附の石垣は残っています（『江戸城の今昔』）。

10は寛永十三年の標本的な資料で、年代の基準になります。

10　牛込門升形石垣築石部

11　牛込門升形

3　四谷門

外郭の門は、主要道の基点で、四谷門は甲州道中・牛込門は上州道中・筋違門は中山道・浅草橋門は奥州道中・芝口門は東海道・虎の門は旧東海道・赤坂門は相模大山道が通っています。外郭城門は見附とも呼ばれ、升形門で九〇度折れて通行します。四谷門の一の門は冠木門で、図３のように右折して渡櫓門を出ます。警護のため午前六時開門、午後六時閉門し、升形内の小番所・渡櫓の外に大番所がありました。見附は監視所の意味です。

この門の構築は、寛永十三年（一六三六）長州藩主毛利秀就の担当でした。発掘調査によって冠木門南側の石垣から渡櫓門台の石垣が確認されました（『四谷御門外橋詰・御堀端道・町屋跡』）。

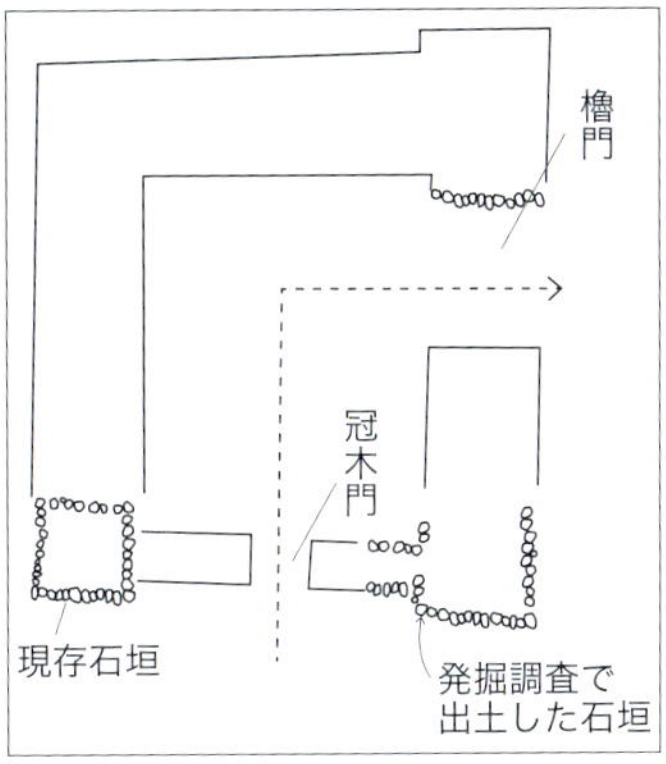

図３　四谷門平面略図　一の門は冠木門です。

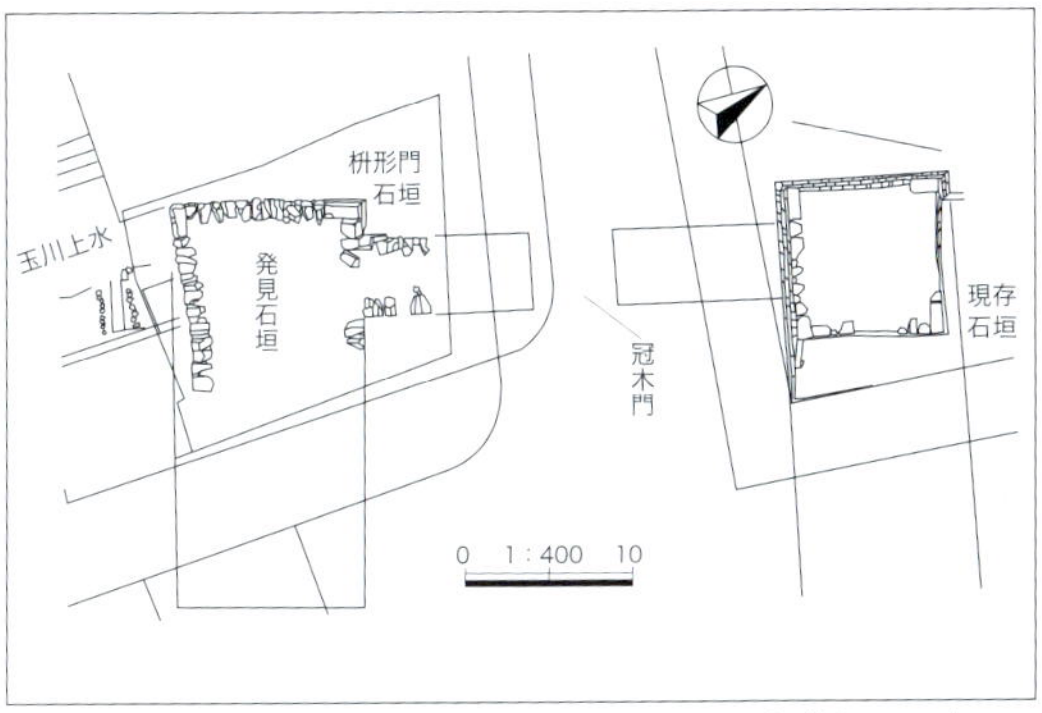

図４　出土石垣と現存石垣（『江戸城の考古学』より）

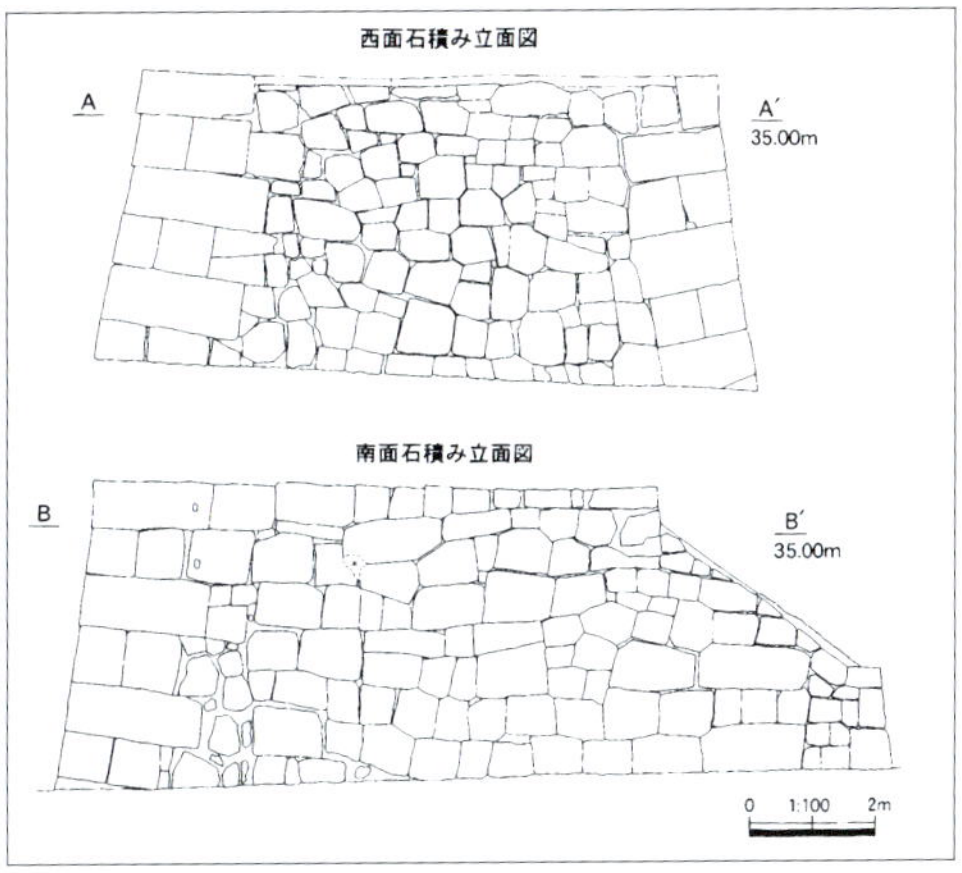

図５　四谷門現存石垣　A西面　B南面（『江戸城の考古学』より）

12　四谷門　南面石垣

13　四谷門　東面石垣

外郭の西端にある四谷門は、江戸城搦手《からめて》の要地です。新宿・四谷方面から延びた台地は、①紀尾井町・永田町・霞ケ関、②半蔵門・西の丸、③番町・九段方面に分枝しますから、扇の要と言うべき要地です。そのため紀州家・尾州家の邸を置きました。

4　赤坂門

『寛政重修諸家譜』によれば、福岡城主黒田忠之は、江戸城天下普請に十回参加し、寛永十二年（一六三五）赤坂見附石垣を築いています。

『黒田家続家譜』に次のようにあります（意訳文）。

　赤坂は起伏のある沼地なので、井伊直孝と土井利勝に縄張りの意見を聞くため、井伊の縄に白い紙・土井の縄に紺の紙を挟《はさ》んで張りました。忠之は家臣の普請奉行竹森清左衛門に、どちらが可であるかを聞くと、白は泥沼に張り、紺は沼から六間避けている。従って紺が可と直言しました（以下略）。

縄張りとは、実際に地面に設計（升形の）通りに縄を張りめぐらせて検討することと、沼地に石垣を築くことの困難さを物語っています。

　現在の赤坂見附は、く字状の弁慶濠の東端部にあり、升形の西辺と北辺石垣の一部が残っています。往時は神奈川の大山に参拝する大山道《おおやまみち》の重要地点でした。

　門の西方一四〇mに弁慶橋が架かっています。升形一の門の前に橋はなく登り坂で、低地を見下ろす高台上にありました。

　発掘調査で発見された石垣は、そのまま埋め戻され保存されています（千代田区教育委員会説明板）。

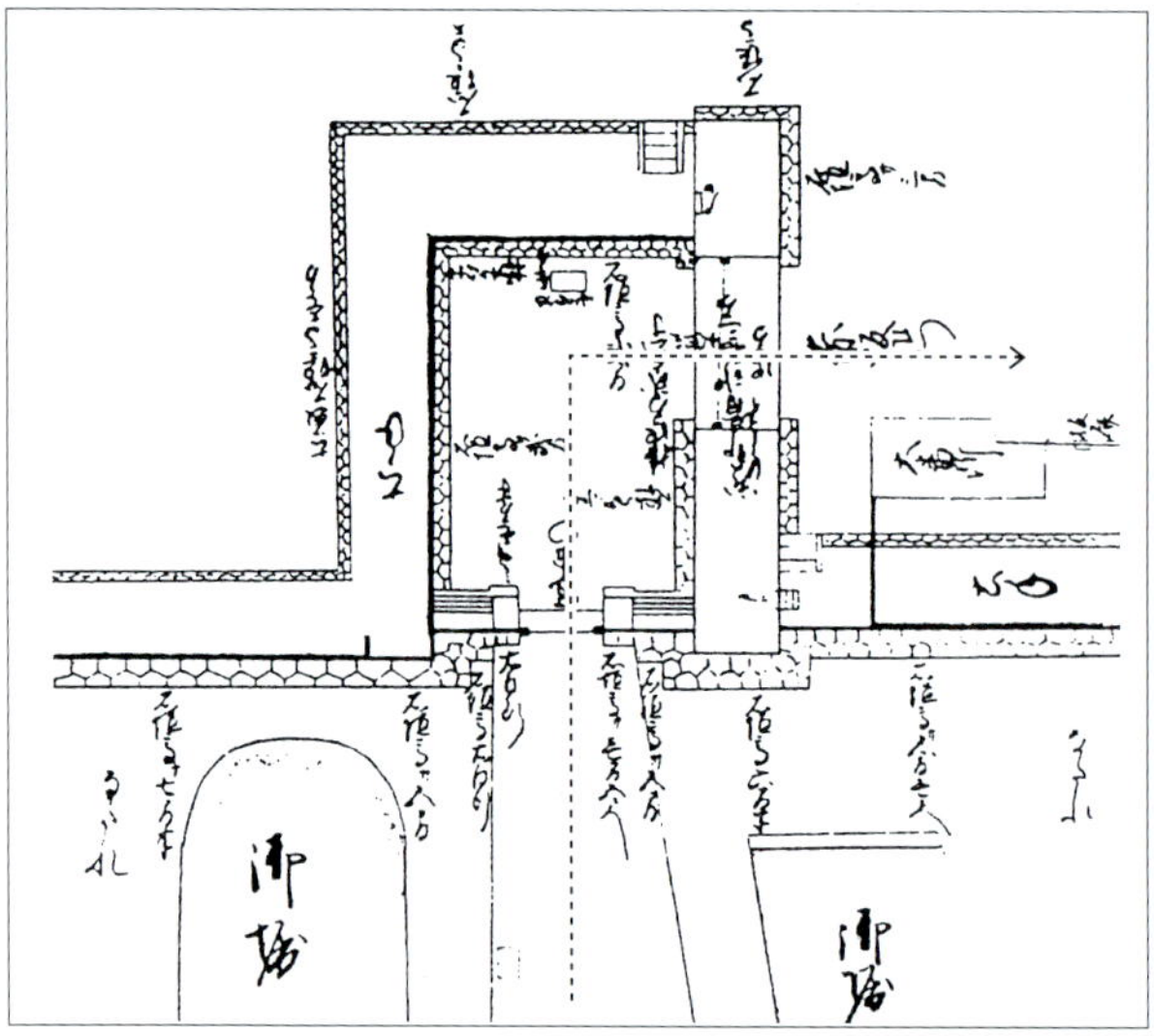

図５　赤坂見附平面図（「地下鉄７号線報告書３」より）

14　赤坂見附升形門台石垣　石垣の角を切っているのは、垂直の柱に合わせたためです。

15　赤坂見附升形内部石垣　『江戸城三十六見附絵図集成』では、門前は登り坂道になっています。

16　赤坂門升形石垣

17　赤坂門升形西面石垣　弁慶橋より見る。

18　弁慶濠石垣　規格化された方形切石の布積みです。

19　石材の規格化が進まず、18より若干古い様式です。

黒田家の赤坂御門普請経過

普請奉行を勤めた竹森家の「竹森家伝」には、赤坂御門の普請経過が記されています。

位置について、赤坂の土地は軟弱で沼の状態にあり、幕府側でも判断がつかず、さきにみたように井伊直孝と土井利勝が自案を示しました。しかし井伊・土井両者の話し合いでは決着が付かず、担当の黒田家に判断を求めました。そのため黒田忠之と黒田美作が赤坂へ出向きました。

井伊の縄張りは溜池際への設置案であり、土井の縄張りは溜池から江戸城側へ六間（一〇・八m）移した案でした。黒田美作は、井伊・土井両家から最善の案を選ぶよう命じられますが、自分は土木工事に疎《うと》いとして竹森清左衛門に判断を委《ゆだ》ねます。

竹森は溜池から離した土井案を選びました。これは竹森家の過去の城郭普請の経験に基づくものでしょう。

井伊・土井の論争でも、低地への構築は見附としての機能上問題があるとし、また軟弱な地盤では崩壊の危険性があるためと主張しています。最終的には、竹森貞幸の主張通り溜池際から六間移した地点への構築が決定しました。

寛永十二年四月二十六日、土井案の紺紙縄張りの地点で一丈（三・七八m）掘削して根石を据えています（『赤坂御門喰違土橋』）。

5　将門《まさかど》首塚と神田明神

江戸城大手門の東北方二〇〇m余の、大手町一丁目三井物産の傍に、ひっそりと平将門の首塚があります。徳川家の元老、姫路城主酒井雅楽頭の屋敷跡です。古い石燈籠があり、宝珠・笠・火袋・中台・竿（折損）の五石から成り、傍らに墓碑があります。「南無阿弥陀仏　平将門蓮阿弥陀仏　徳治二年」とあり、裏面に、明治四十年四月小栗万次郎の選文が彫られていました。この板碑は実物ではなく、日輪寺の其阿《ごあ》という僧の記録をもとに、碑の形状・文言を復元したと言います。

神田明神と平将門との関係は、将門の死後その怨念を恐れて宣旨（天皇の命令）によって神に祀り、武蔵国豊島郡江戸神田明神になったと言います。

平将門の乱は教科書に「桓武平氏の一族であった平将門は、一族と私闘をくりかえすうちに国司に反抗していた豪族と手を結び、天慶二年（九三九）ついに反乱をおこした。常陸・下野・上野の国府を攻め落とし、関東の大半を征服して新皇《しんのう》と称するに至ったが、やがて同じ関東の武士の平貞盛・藤原秀郷らによって反乱は平定された」とあります。

1　平将門の碑

将門は当時から『神皇正統記』『大日本史』で史上最悪・極悪非道の反乱者と評価されました。

しかし東京の神田明神が、極悪の将門を神として祀っていることは事実です。

将門の乱以後の東国武者は、天下を取った武将が天下人になるのは当然と考えるようになり、頼朝や家康を擁して武家政権を成立させるに至りました。

中世以来武門の棟梁や庶民が崇《あが》めてきた神田明神は、大江戸の守護神となりました。

京都の貴族にとっては、国家体制を打倒することは巨悪重罪であっても、東国武士にとっては新時代の旗手であり英雄と映ったから、将門の霊を神田明神の祭神としたのは当然でしょう。

相馬野馬追で有名な相馬氏の系図は平将門を祖と仰ぎ、その系譜を誇りとし、将門が下総相馬で始めた野馬追を相馬市では今もって忠実に実行しています。

幕府の儒官で『寛永諸家系図伝』を著わした林羅山は、全大名の系図を調べ、「相馬は諸大名の中で最も優れた家柄」であると述べています。幕府巡見使に同行した古川古松軒は、「自分は六拾万石の伊達の武風に感ぜず、六万石の相馬侯の武風に感じ入った」と記しています。寛文七年の諸国巡見使佐々又兵衛は、仙台から中村へ入り藩主忠胤に対面し、系図拝見を所望しています。

文治五年源頼朝から拝領した領土を、幕末までそのまま支配し通したのは相馬一藩のみです。国指定無形民俗文化財相馬野馬追祭は、一騎出陣するのに家族・近隣・親戚の協力が必要です。しかし3・11の大震災は、中世社会を今日まで引き伸ばしたような地縁・血縁社会を分解してしまいました。今後千年の伝統を維持するため、神田明神の加護をお頼みするばかりです。

戦国時代、伊達政宗は南奥の大名を滅すか配下にしましたが、相馬は一〇倍の伊達に最後まで屈しませんでした。それが東北の真田幸村とされる相馬義胤です。

2　将門の首塚
石灯籠の再利用

応急普請と天下普請

一　江戸城の原地形と慶長古図

1　本丸西貝塚

旧本丸西貝塚は、昭和二十三年に発掘調査されました。本丸天守台西南部にあたり、西の丸から西拮橋を渡り本丸に登り切った地点に位置し、蓮池濠に向かう標高二〇mほどの台地の斜面にあります。原地形は千鳥ケ淵から蓮池濠に至る谷に面し、この先は日比谷入江が広がっていたものと考えられます。

この遺跡は縄文後期から晩期にかけて形成された貝塚の一つです。ここからは縄文土器をはじめ（図1）土偶《どぐう》・銛先《もりさき》・漁網の錘《おもり》・貝・魚骨・獣骨などが出土しました。

貝層の厚さは最大八〇cmに達し、貝殻の堆積層は、この遺跡を遺した人々が、貝を盛んに食糧にしていたことを物語っています。

主たる貝は、干潟に棲むハマグリ・アカニシ・泥干潟のハイガイ・オオノガイ・マガキ・河口に棲むママトシジミといった様々な環境に生育する貝が

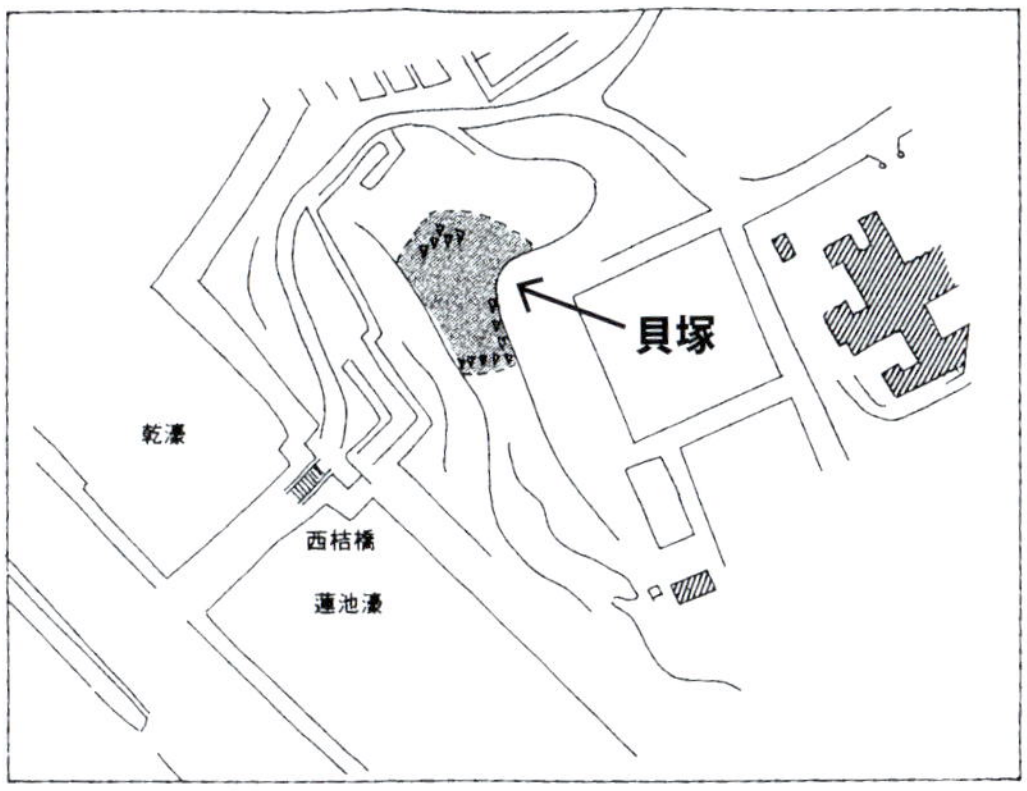

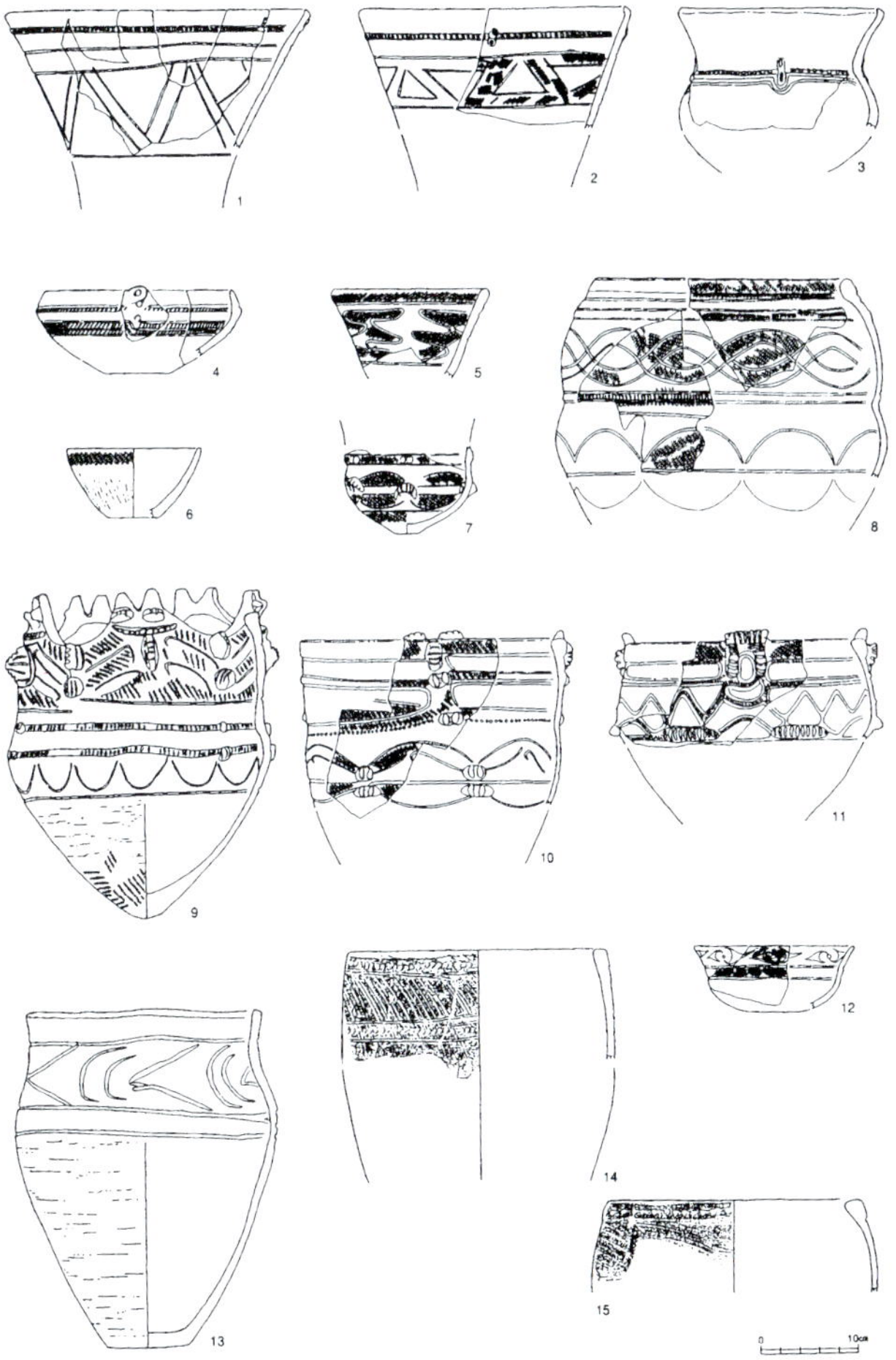

図1　江戸城本丸西貝塚位置と出土縄文土器（『江戸城の考古学』より）

混在しています。

現在の皇居周辺には入江に広がる泥干潟や、砂地の干潟が広がっていました。そして本丸西貝塚が隆盛を迎える後期後半は、貝塚（漁業）が衰退し狩猟が活発化する時期にあたります。

この貝塚は、縄文貝塚文化の最後を飾る遺跡のひとつです。

江戸城は史上屈指の大都市の中心地ですが、同時に千代田区内では珍しい原始・古代の遺跡が集中する地域でもあります。皇居周辺の原始・古代の遺跡は七か所です。貝塚で、本丸下が波打際であったことがわかります。

2　家康の入城

天正十八年（一五九〇）七月十一日小田原城は陥落し、秀吉は部下将兵への論功行賞を行い、かねての約束通り駿河・三河・遠江・甲斐・信濃五か国に替えて関東八か国を与えました。二四〇余万石で、一〇〇万石の加増でした。

秀吉は七月十四日小田原を出発して奥羽仕置のため会津若松城を目指します。十五日江戸城平川口の法恩寺（道灌の香華院）に一〇日間帯在し、八月九日会津若松に到着し、伊達政宗に替えて蒲生氏郷にこの地を与えます。十三日秀吉は遠征北限の地である会津を立ちました。政宗は会津ほかを没収され、米沢を経て玉造郡岩手山に移ります。

八月一日入城した家康は、住むほどの屋敷もなく平川口の法恩寺を宿泊所と定め、家臣の論功行賞を行いながら屋敷配分を進めます。家康はもっぱら城下の開発、外郭の拡張、本丸二の丸間の空濠の埋め立てにつとめ、九月に縄張りを行い平川・局沢・芝崎などの一六か寺の移転を行い宅地化を進めます。

当時吹上には代官・年寄・番衆の屋敷を配し、三の丸には大寺院が数か寺あり、皇居外苑は市街地（街村）でした。

入城後四年を経た文禄二年（一五九三）に、本丸の西方台地の山里に、新城西の丸の建設を開始します。

3　応急普請と慶長絵図

天正十九・二十年、家康は奥羽仕置のため東北への出陣が続き、普請どころではありませんでした。これが一段落した文禄元年（一五九二）家康はいよいよ江戸城修築に着手します。西の丸の創築です。

本丸は将軍の居城で、西の丸は前将軍の隠居城であり後継（次期将軍）の居所にあてられます。三月十六日、工事担当は譜代大名の松平家忠で、西の丸築城が主眼でした。この工事には重臣の本多正信・井伊直政の譜代大名も参加したとされます。「只今の西の丸は野山にて所々に田畑などもこれあり、春はつつじなどの花も咲出で、江戸中貴賤の遊山所に致し、天地庵と申す常念仏堂などもこれ有り候」（『霊岩夜話』）とあり、城外地だった区画が、このときから江戸城の一郭となりました（『千代田区史』上）。

この普請は、徳川家の家臣（譜代大名）の分担で、指揮にあたった本多正信は、毎朝七つ時（午前四時）に現場に出掛けるので、分担する大名もみんな提灯をつけて暗いうちから作業しました。侍衆も中間《ちゅうげん》(下級侍)同様にモッコ（網状土砂運搬具）をかつぎ、鍬をとって働き、その辛労は筆舌に尽くし難いと言われます。この工事は文禄三年まで続きます（『千代田区史』上）。

西の丸と東の本丸が並立すると、連絡を密にする必要から通路が欠かせません。そのために構築されたのが、さきにみた西拮橋門で、それを裏付けるのが穴太が積んだと言われる自然石の布積み崩しです。新発見の江戸城最古の石垣で、文禄年間（一五九二〜九六）と考えることができます。

本丸西面・北端の連絡路が西拮橋門であれば南端にも必要です。ここに古い石垣はないでしょうか。実は二〇mの台地から一気に降りる七折坂上の上埋門と下の下埋門があります。この下埋門続きの右側石垣を観察しましょう。九石（段）程度の低石垣で、石材は自然石と矢穴のある割石を調達し、小面を横長に据えますが、石材に大小・多形状があるため横目地が通らず布積み崩しになっています。

これらの点から天下普請以前（慶長九年）の、徳川氏単独の工事であることがわかります。時期は文禄か慶長初年と考えられます。

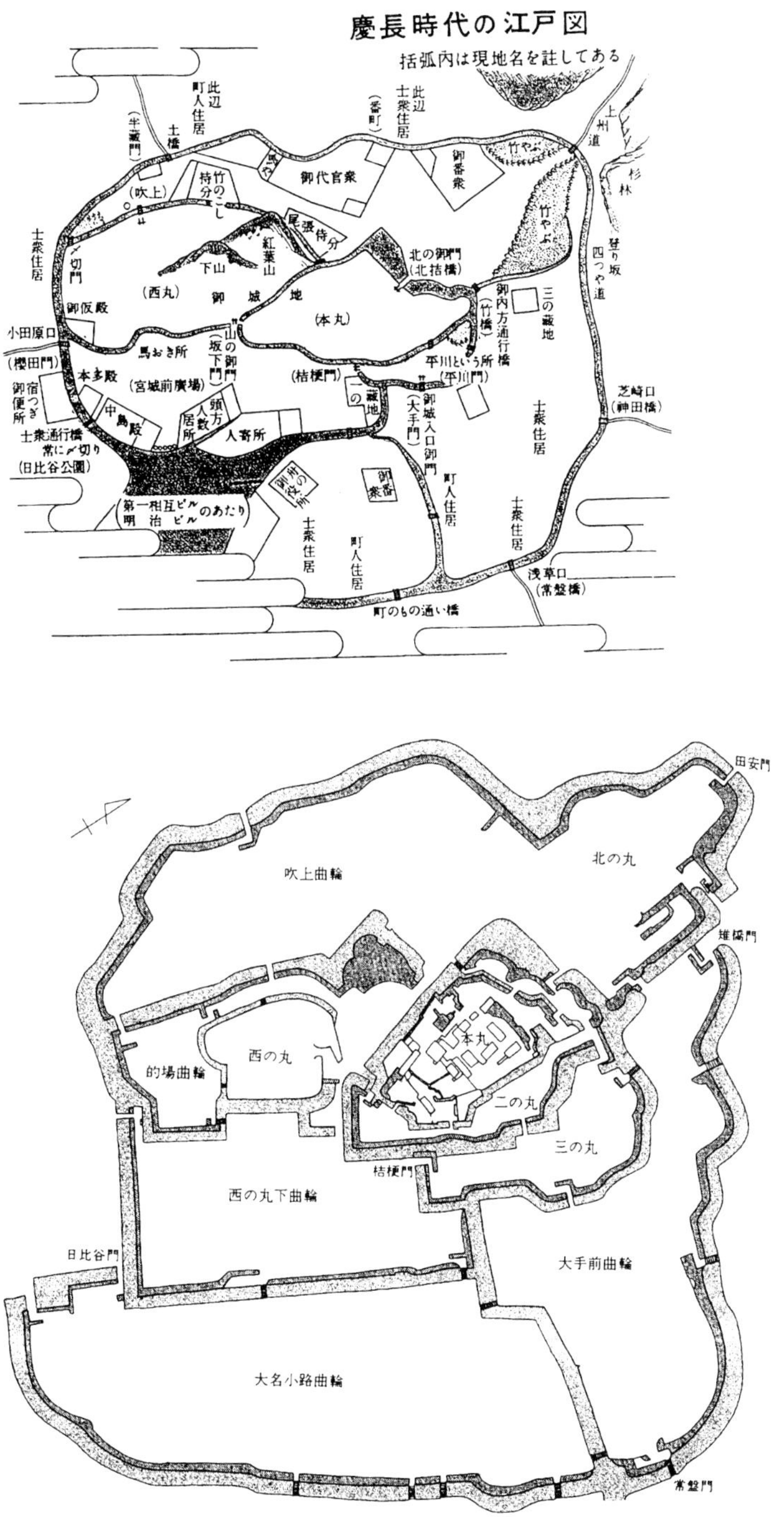

図２　上　『千代田城』（昭和27年４月１日発行　岩波写真文庫より）
　　　下　『慶長の江戸城』（千田嘉博氏）

慶長絵図

図２の上の図は昭和二十七年四月一日発行の岩波書店刊『千代田城』に掲載されています。学生だった筆者は興味を惹《ひ》かれて、いつかこのことについてまとめたいと考えて今日に至りました。

この図によれば、本丸・二の丸をめぐる堀があり、三の丸も堀に囲まれています。新構築の西の丸を囲む堀もあり、半蔵門・田安門間の山の手堀があります。和田倉・外桜田・日比谷入江に連なる堀もあり、神田橋・常盤橋を通る外堀もあって、後の江戸城に近い姿に見えます。「梅林坂・大手・平川に橋あり、大手を御城入口御門、内桜田門を吉梗門、北拮橋を北の御門」と記しています。

1　**下埋門脇石垣**　野面石・粗割石を横長に据える文禄～慶長初年の技法です。

文禄元年創築の西の丸・外堀も後世と大差はありません。これが天正十八年～慶長五年まで家康による改修がすんだ姿でしょう。ただ、堀・沼・溜池・河川などをそのまま堀とし、升形・出入口・通路・造作（建造物）は書かれていませんので、これらは慶長九年（一六〇四）以降全大名を出役させる天下普請で、超大規模工事を展開します。

図２の下は、千田嘉博氏が上の図を下敷きに研究の成果を図化しました。これによって見てみましょう。

虎口は平入り《ひらい》（直進）か喰違い（一折）で、升形（二折）は未発達です。これは徳川氏の構築ではなく、古い装置をそのままにしたものと考えられ、これを最新式の一・二の門構えの升形にするのは、元和六年（一六二〇）の第三次天下普請のときで、緊急性のないことを意味します。天守の位置は現在北拮橋門を入ると正面にありますが、慶長年間は蓮池濠中央の休息所前多聞（富士見多聞）の背後にあり天守曲輪（本丸詰の丸）的な構成でした。現天守台の位置とは二〇〇ｍ離れています。

二の丸は本丸の東・南面を包む郭で、これの役割は帯郭としています。帯郭とは、上下の郭の中間の緩衝地帯で連絡用防御陣地でもあります。本丸北部には空堀と土塁の塁線が、コの字型・半月型にいくつも配されているのは、

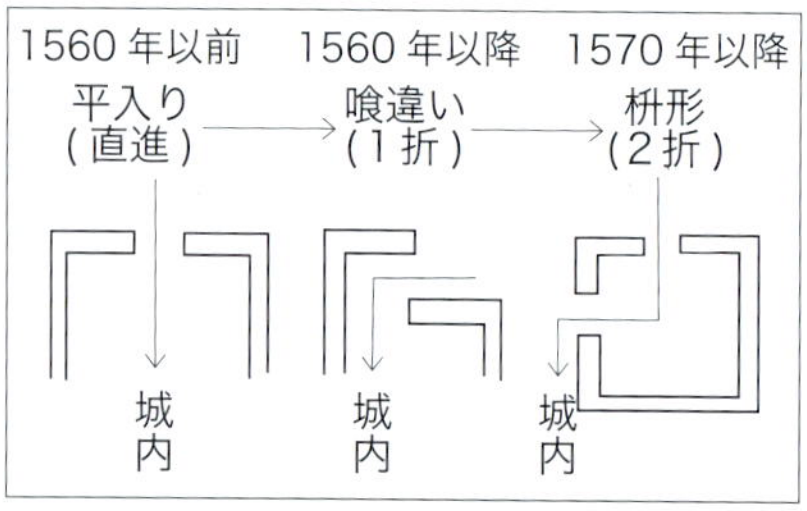

図３　虎口の発達

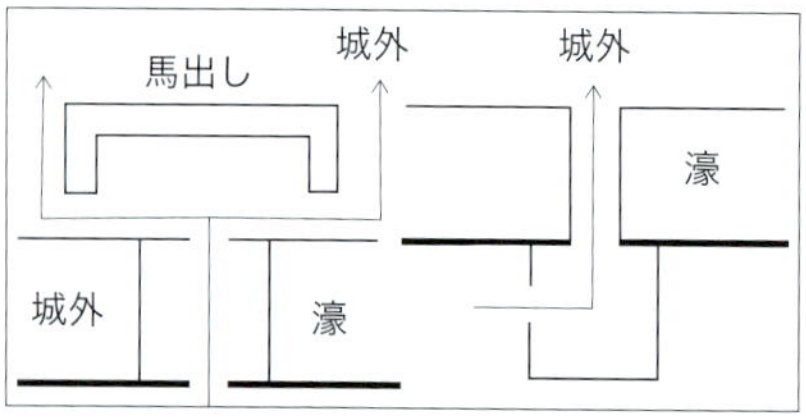

図４　二つの升形　外升形は馬出しを伴うことがあり出撃型、内升形は門を閉じれば塁濠線の内側で、守り型となります。

馬出《うまだし》とみられるとする見解は注目すべきです。馬出は囲まれたときの突撃陣地で、矢《や》弾《だま》の援護下で左右両端の虎口を開いて身を挺して出撃する装置です。

縄張りの発達は、本丸を馬出（馬出状郭－郭馬出という－）でいかに何重にも囲うかを眼目にしていると考えられます。確かにどの地も、二の丸・三の丸他の郭は巨大馬出の変形とみることが可能です。

慶長期の江戸城は、軍事機能面では東の本丸に一元化されていましたが、本丸と西の丸の二つの中核をもつ二元的構造で、西の丸は御隠居城と呼ばれました。この二つの城の、一つの城としての調和は、坂下門で保たれています。未完成ながら升形門は、ほとんどが防御型の内升形の中で、出撃型の升形（塁・濠線の外へ構築する積極型）が若干見られます。外濠の中心的な常盤門は横に長大で外濠に虎口空間が突出しています。典型的なのは雉子橋・田安門間の清水門升形で、牛ケ淵と清水濠の末端を折り曲げ、巧みに外升形を構成し、積極的に打って出る姿勢を示しているとことです。呉服橋・鍛冶橋・馬場先門も塁線から濠に突出しています。

◆コラム◆

外国人の目に映った江戸城

明治時代、フランス大使・詩人のポール・クローデルの内濠石垣と弁慶濠（桜田濠）の詩と文を紹介します。

内濠石垣

森にあらず　磯《いそ》にあらず
日ごとわが歩むところ
一つの石垣あり
右手　つねに石垣あり
…………
石垣　つねにわれと相ともよひ
しりへ　つねに石垣をのこし
行く手繰《く》れどもつきぬ石垣あり
右手　蜿々《えんえん》として　石垣はつづく

（『江戸城のすべて』）

弁慶濠

三宅坂から半蔵門外に至る
弁慶濠の静寂
清雅な風致は正に世界無二の
絶景である。

（『大東京写真案内』）

江戸城　円地文子

（『探訪日本の城2』）

昭和三十一年秋　東京都は開都五百年を記念して祭典を催した。開都とは、江戸から東京へと目ざましい都市社会の発展を遂げるためのそもそもの楔《くさび》が打ち込まれたことを意味する。つまり、そのとき―長禄元年（一四五七）、太田道灌によってそこに城が築かれ、城下の盛況が招き寄せられたのである。

二　天下普請

慶長五年（一六〇〇）九月、関ケ原合戦で勝利をおさめた家康は、同八年二月征夷大将軍に任ぜられ、江戸幕府を開きました。江戸城は将軍の居城、幕政の中心として威容を整えることが欠かせません。工事の性格は一変し、これまでの応急普請は一大名徳川家の家臣に限られましたが、開幕以後は将軍居城の工事（公儀普請）として譜代・外様を問わず天下の諸大名に助役《すけやく》を賦《ふ》課《か》するお手伝い普請の形式をとるようになりました。これは軍役の変形なので戦場で軍功を挙げて加増にあずかるのと同様、費用・人員を惜しまず、早期に堅固に竣工することにつとめました。特に辺地の外様大大名の戦力削減を狙って過大の工事を命じたことから、抵抗・反乱は陰をひそめ平和の一因になったとされます。代わって全日本が総力を挙げて、集大成としての江戸城を生みました。いわば天下普請の記念碑です。

1　第一次天下普請

慶長九年六月一日、幕府は江戸城普請を発表し、八月に幕府から金子一、一九二枚と五両（一万一、九二五両）が、工事用石船調達を命ぜられた大名に補助金として渡されました。出役を命ぜられたのは西国の二九大名です。割り当ては一〇万石につき百人持の石一、一二〇個を献上することです。

「百人持とは、幕末の伝馬人足の一人持が八貫目だから三・二t」とあります（鈴木理生氏『幻の江戸百年』）。

同十一年には三〇〇〇艘の石船が伊豆に集まり、江戸に集められた石材は莫大な量にのぼりましたが、五月の暴風雨で鍋島家一三〇艘・黒田家三〇艘・加藤家四六艘が沈没しました。

大増築工事の縄張りは藤堂高虎で、加藤清正・池田輝政・黒田長政らが、本丸・二の丸・三の丸と溜池から雉子橋までの外郭を築きました。伊達政宗ら奥州・信越・関東の大名は北の丸を築きました。第一次を代表する遺構は、「富士見台石垣は、加藤清正の差図によって築く」とある写真の石垣です（『石道夜話』）。

1は稜線が鋭く法《のり》はほぼ直線で天端の二、三石が垂直に反《そ》ります。このような法《のり》を、寺勾配と呼びます。

この期の技術の記録には、「割石は見積りやすい、角脇石は重いから四尺四方にする、荒切角石の両者（角石と角脇石）の差を二尺とする、大角（角石）は二面を切る」などが参考になります。慶長十二年は関八州・信濃・越後・陸奥・出羽諸大名の負担で、石よせ（運搬）と石積みです。中でも主眼は天守閣の完成で、一〇間の天守台に五層の天守が建造されました。慶長十六年、奥州・信州・関東の諸大名に命じて西の丸・吹上の濠を拡張し、江戸城拡張の計画は一段落します。『史学叢説』で升形の効用を記します。

三十六見附も升形とて方形の石垣を築き、前後二重の門ありて、後門の上には矢倉を架し、而して前後二門正しく相値《あた》らず。後門は必ず右方か左方に設置せり。こは門外より門内を見透すこと能はざる様に構え、且籠城の時城内より兵を繰出すに、寄手の者に其多少を計られさるか為にせりとの事なり。

1　富士見櫓台東南隅角南部石垣

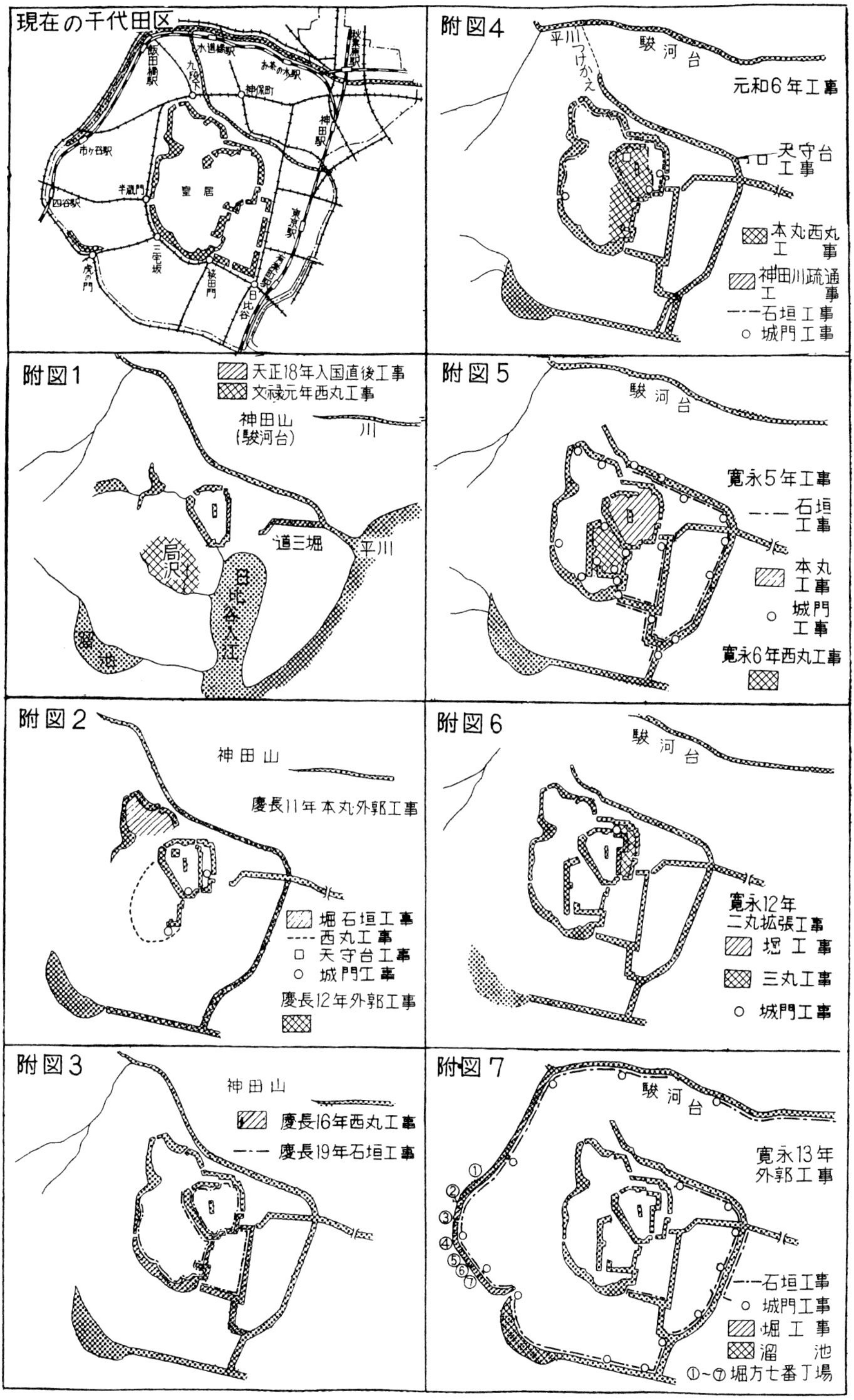

図1　天下普請（『千代田区史』上より）第五次の天下普請の他寛永12年の二の丸拡張図があります。

2　第二次天下普請

西の丸下大名小路（現皇居外苑）の石垣構築着工。慶長十九年（一六一四）四月、西国大名の大部分が、一万石当たり四五坪を分担して、本丸・二の丸・三の丸など、最大規模の石垣修築に着工しました。

西の丸下乗橋（現鉄橋二重橋）を架橋。

十二月大坂冬の陣のため工事を中断します。

関東の諸大名で、西の丸を囲む濠の拡張工事施工（『江戸城のすべて』）。

この期の石垣普請は伊豆石を調達し、桜田・日比谷辺の石垣を工事中の慶長十九年四月三日、紀州の浅野長晟の石垣が崩壊し、圧死する者百五十余人とあります。同年六月四日大風で大雨が降り再び浅野長晟の石垣が崩れ、隣町（丁）場の森忠政の夫卒（人夫と下級侍）が圧死しました。

七月二十九日黒田長政・浅野長晟の町場が三度目の崩壊をしました。

この丁場（現場）は桜田・日比谷辺で、加藤清正と浅野長晟に命ぜられました。加藤家の奉行は森本儀太夫です。

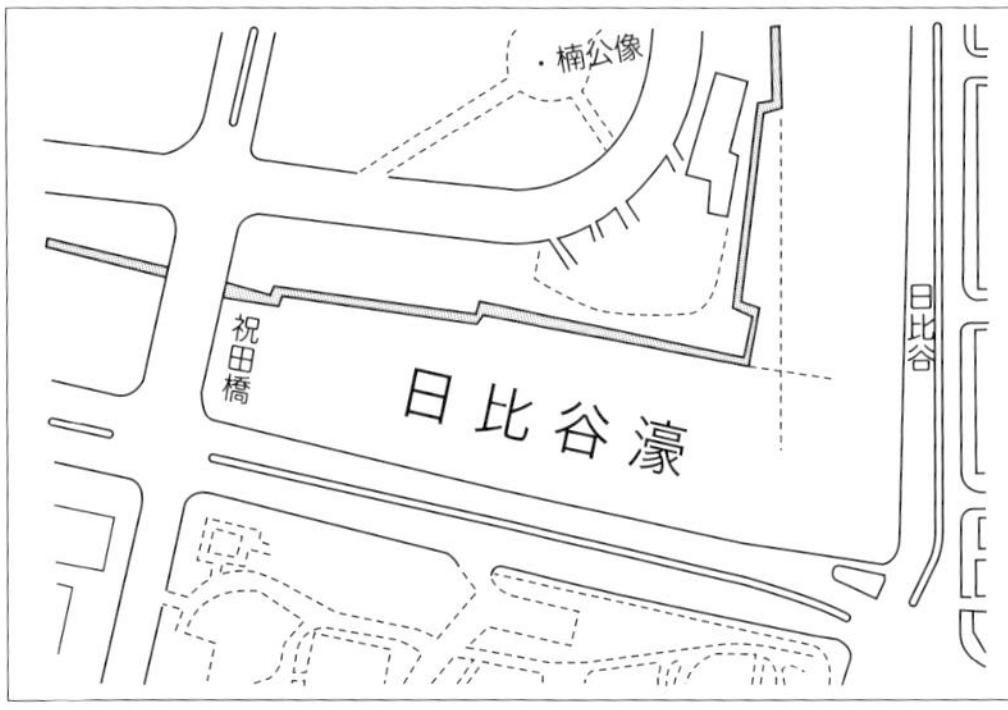

図2　日比谷濠東南屈曲部　点線の交点より25間内側です。

この一円は沼なので、石垣の土台（根石）を固めるため森本が指図して、武蔵野の萱を夥《おびただ》しく刈り取らせて沼に入れ、一〇～一三・四才の子供を集めてその上で遊ばせ、子供は面白がって踊り狂い日を送りました。そのうち浅野方は工事が大方終わって森本の指図を笑います。森本は少しも構わず、よく固まったのを確かめて石を積み、作業は浅野よりかなり後れました。ある日大雨が降ると、浅野方の石垣は基礎が固まらず再び築き直しましたが、加藤家の石垣は少しも崩れませんでした。

同年七月二十九日、浅野の丁場が三度目の崩壊に見舞われました。この場所は昔沼（入江）で、大蛇が住んでいた場所だからだと公儀より縄張りを替える指示があり、塁線を内側に一五間（約二七ｍ）引き入れたら、早速成就しました（『東京市史稿第壱』所収『侯爵浅野家回答』）。

筆者は図2の点線の通りでないのを不思議に思っていましたが、いきさつからこの部分が浅野家の丁場と推定します。

3　第三次天下普請

慶長十九年の未完成の工事を引き継いだのが元和六年（一六二〇）の第三次の普請です。二月十一日助役命令、四月起工で担当は東国大名です。

伊達政宗・上杉景勝・佐竹義宣・蒲生忠郷・最上義俊・南部利直・相馬利胤が助役大名です。丁場は内桜田から清水門に至る平石垣及び外桜田・和田倉・竹橋・清水門・飯田町口・糀町口の各升形其他を修築す。内大手門石垣一三町（一、四一七ｍ）余及び升形一か所は伊達氏之を分担し、相馬氏は大

2　**江戸城大手門**　伊達政宗構築の升形石垣

手門石垣升形の修築に当たります（『東京市史稿第壱』）。

『伊達治家記録』には、「四月二〇日伊達氏分担の二の丸大手口石垣普請を始む」とあります。

また『諸大名手伝始末』には、「伊達政宗は元和六年二月十一日助役を命ぜられ、内願する所ありて二丸大手口石垣を持場と定めらる」とあります。大手門と二の丸大手口は同じ場所か別の場所かの問題があります。寛永十二年までに、本城名称区分の変更があったとする説（『江戸城のすべて』）がありますが、二の丸大手口は、現大手門と考えます。

伊達氏の丁場は、大手門升形石垣一三町余（一、四一七ｍ）と大規模で、これに要した人員は延べ四二万三〇〇〇余人、黄金二、六七六枚なりとあり、恐らく助役大名の中で最も出費の大きかった大名は、伊達氏ではないかと考えられます。

『聞見集』に会津若松城主蒲生忠郷の普請の様子が見えるので招介しましょう。

秀忠将軍様の御代に、江戸御城大手石垣御積直しを蒲生忠郷殿へ仰付候時、六十万石の侍残らず江戸の普請場へ出られ候。蒲生源左殿立付《たつけ》（もんぺ）を着て自身手こ（鉄棒）を取って石を廻し宿へ帰らず、普請場にて石に腰をかけ、めんつう（弁当箱）にて飯を喰い申され候まま、諸侍衆も皆々其ごとくに仕《つかまつ》られ候条、存《おもい》の外石垣早く出来候。将軍様御機嫌よく、いろ〳〵拝領（褒美《ほうび》）と沙汰候つる。

助役大名にとっては、戦陣に立つも普請丁場に立つも、心構えは同じだったことが伝わります。

4　第四次天下普請

寛永五年全国大名の助役で外郭（外濠）石垣構築に着工します。惣構え（外濠）拡張は、石垣間数一、七五〇間（三、一五〇ｍ）、坪数四万四、五三三坪（一四万七、四〇四㎡）に及びました。さきに着工した常盤橋門・呉服橋門・和田倉門・馬場先門が竣工します。

伊達政宗の日比谷門・大手門も完成します。西の丸大手升形（現皇居正門）は酒井忠世、同玄関前門（現鉄橋）は土井利勝が石垣を築きました。伊達政宗は芝口・日比谷内升形石垣を築きました。この期の工事に伴う話題を拾ってみましょう。

寛永五年福井の松平忠昌が田安門石垣のお手伝い（助役）を命ぜられ、三、五〇〇人の人夫を派遣したところ、正月十八日（寛永六年）近江中河内で八〇〇人が崩雪に打たれて死亡しました。

松平忠昌は田安門石垣お手伝いの節、石引《いしびき》（運送）のため江戸中の材木を買い上げてコロにして引いた。そのため大いに捗《はかど》りました。そこで加藤肥後守も材木屋に注文すると、すべて売り切れでした。止むなく大勢の人夫を出し木遣《きやり》（重量的運搬で、大勢が音頭をとって運ぶ）をしたところ、人夫が怪我や死人を出し、町屋を多く破壊しました。大勢で綱引きすると町角を曲がれず、壊して進みます。

また積石の表面を化粧のため凹凸をノミで切って平らにします。松平忠昌は積み上げた後で上から下まで通して切るのに対し、肥後は石材一個ずつ面《つら》切《きり》をした後に積んだため、とても手間がかかりました。これは旧福井藩主侯爵松平家の回答だから、自慢話です。

伊達氏の普請道具が記録されていますので記しておきます。

一、石持棒　　一、スリ木
一、カシ、木ノテコ木　　一、シキ木
一、カナクサリ　　一、ヲツ木
一、ケンチウ　　一、カナテコ
一、ツルノハシ　　一、ツツサヒ

どのような道具かおおむね見当がつきますが、最後のツツサヒ（鍛冶工具説があります）はわかりません。これらの品は人数分を丁場まで届けます。

寛永十三年（一六三五）二の丸の拡張工事が施工されます。これまでは下乗橋北より西北に屈曲して、直に梅林坂下に達した二の丸濠を転じ、下乗橋より東折して二の丸を囲繞《いにょう》してコの字型に三の丸に張り出すものです。これによって二の丸と三の丸の規模が変更され、以後確定しました。このとき下乗橋升形石垣と二の丸石垣を積んだのは、藤堂高次です（『東京市史稿第壱』）。

寛永十二年の二の丸拡張で、本丸東辺をめぐる濠は埋め立てられて、わずかに一部「白鳥濠」を遺すのみとなりました。

寛永十四年三月七日、幕府は助役大名に命じて新たに築造する外郭土堤上には、土塀を造らず松杉苗を植えさせます。

それまで城の土塀は風に弱く台風で飛ばされ、復旧工事が年中行事化していました。土塀は城を取り巻いているため維持・管理が容易ではありません。この年以降全大名は、外郭土塁上に松か杉を植えたため、三八〇年近い老大木となり、現在「松風騒ぐ岡の上」と歌われています。

5　第五次天下普請

寛永十三年（一六三六）正月、江戸

3　桜田濠（弁慶濠）　半蔵門土橋から東方を望む。濠幅約100m。

城普請（土木工事）と作事（建築工事）の総仕上げのため、石垣方六二大名、堀方六七大名の助役を命じました。その分担は奥羽の大名は堀の工事に、西国大名は升形石垣の工事に当たらせました。第五次は外濠（総構え）諸門の升形と塁濠を主眼にした普請でした。

正月八日に着工し七月二十三日に、鍋島勝茂の虎の門・細川忠利の御成門・山下門・幸田橋門・越前松平忠正の浅草橋門・生駒高俊の喰違門・黒田忠之の赤坂門・毛利秀就の四谷門・森長継の市谷門・蜂須賀忠英の牛込門・池田光政の小石川門を升形内に構築し、外濠も完成しました。一月着工、七月完成で、わずか半年です。普請役は軍役でもあることを如実に物語っています（『江戸城のすべて』）。

江戸城の普請と作事はほとんど諸大名のお手伝いで実施されましたが、作業量は幕府から公認された朱印高（石高）をベースに賦課され、大名は家臣の知行高に応じて割り掛け、人夫を徴用しました。家臣への割り掛けも軍役の一種です。遠国の大名武士たちは費用負担に苦しめられ、過大の負債を強いられました。

天下普請は、家康・秀忠・家光三代について言いますが、慶安三年の家綱将軍以降は、普請作事は継続しますが、天下普請とは言いません。

寛永十三年に外濠が貫通しましたが、この年以前の外濠は北の丸・吹上・西の丸下・大名小路・大手前を巡る濠でしたが、新外濠によって大名小路・大手前の山下門～雉子橋門間は中濠《なかぼり》と呼ぶのがふさわしくなりました。ここに江戸城の縄張りは完成しました。最後に動員大名数を、『千代田区史』上から集計します。

第一次　九二家
第二次　三四家
第三次　二六家
第四次　一〇三家
第五次　二一六家
延総計　四七一家です。

付録A　城郭用語（城築図Ⅰ）

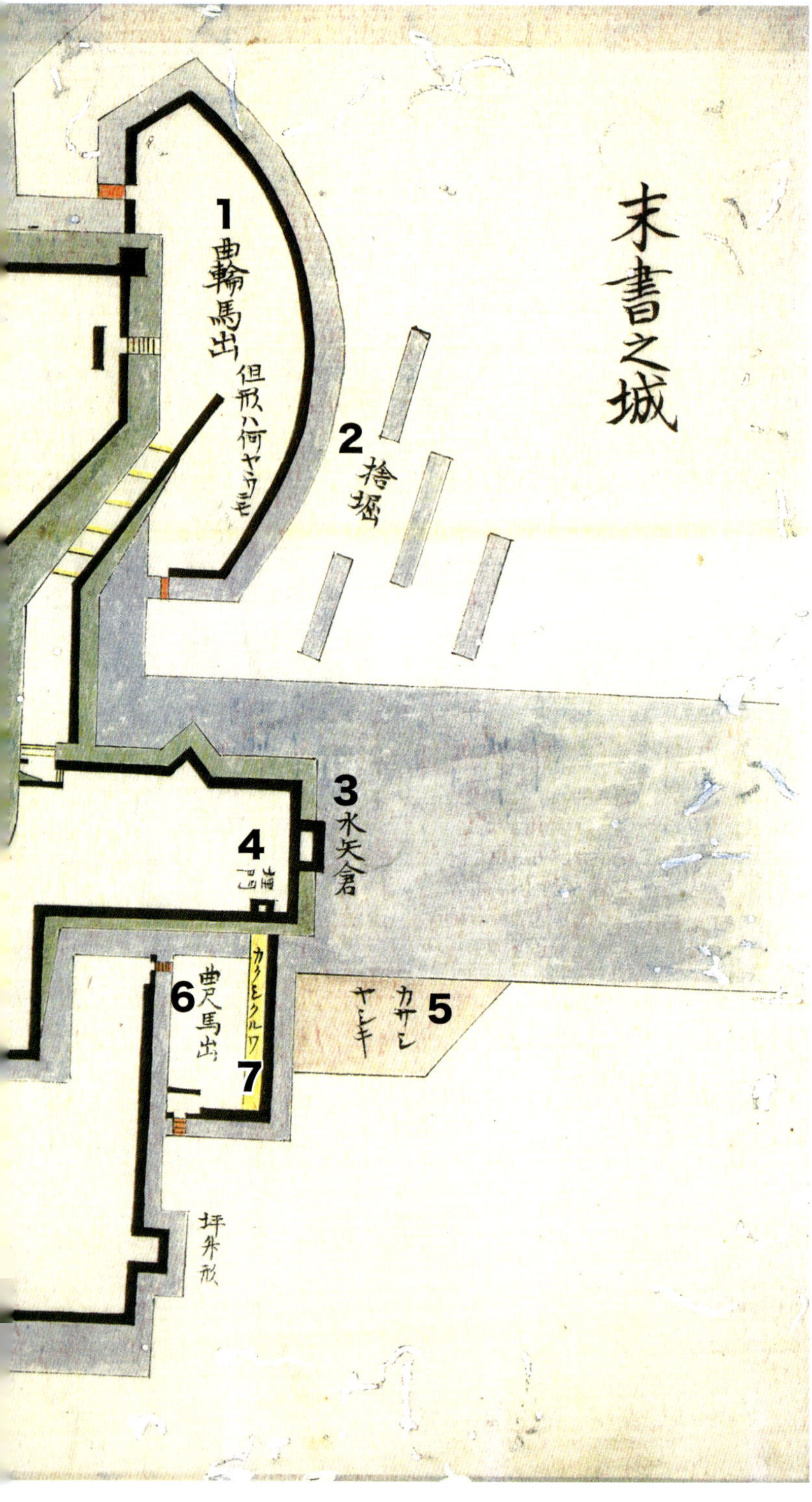

城築図Ⅰ　末書之城（福島県立図書館蔵「佐藤文庫」）
軍学書に示された図で実在の城ではありません。解説用の模式図です。

凡例
青色　水堀
緑色　土塁
黒色　石垣・隅楼
赤色　橋

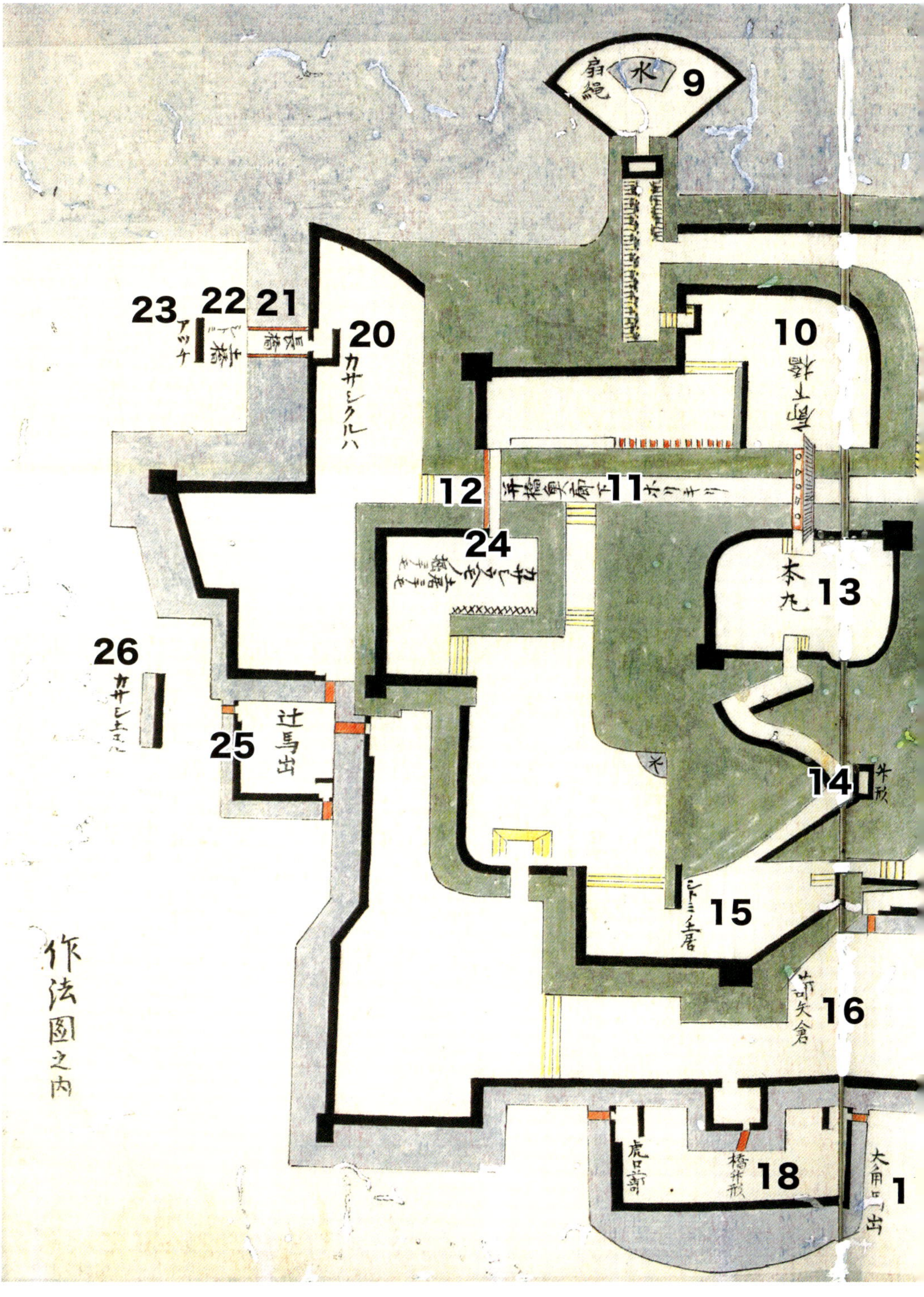

9
扇縄
水
10
11
12
13
本丸
14
15
16
18
1
20
21
22
23
24
25
辻馬出
26
作法図之内

1　**曲輪馬出**《くるわうまだし》　但形ハ何ヤウニモ
馬出と同じ用途の大形郭で、形は問わない。多くの曲輪（郭）はこの構造。

2　**捨堀**《すてぼり》
連続しない堀で、進入の際縦列になった敵を狙撃する。

3　**水矢倉**
堀の上に屋根を掛けた櫓。

4　**埋門**《うずみもん》
石垣・土塀の下のくぐり門で、非常用の隠し門。

5　**カサシヤシキ**
城内の見通しを妨《さまた》げるために設けた屋敷。

6　**曲尺馬出**《かねうまだし》
虎口《こぐち》(出入口)の前を直角に曲がった土塁・堀で防御する馬出。曲尺は物差。

7　**カクシクルワ**
伏兵を塀などで隠し置くための郭。

8　**坪升形**
6の曲尺馬出虎口の向かい正面に設け、押し入ろうとする敵を背後から撃つ。

9　**扇縄**《おうぎなわ》
扇形の郭を言い、特に泉や池を扇の形にして土塁や屏で囲い、水源を確保する設計を言う。

10　**廊下橋**
橋の両側を壁で囲って狭間《さま》をあけ、屋根をかけて多聞櫓風の外観にした橋を言う。出撃兵を敵から護るための橋。

11　**ホリキリ**
尾根続きの丘を独立丘とするため、尾根を大きく断ち切って空堀とし、進入を阻止する。

12　**并橋**《ならびはし》
二つの虎口が近くにあるため、平行して二つある橋を言う。外の橋に入った敵を攻撃するために、奥の橋を廊下橋にするのがよい。

13　**本丸**
複数の郭をもつ城で、中心となる郭を言う。中世には本郭・主郭・本城と呼び、丸は近世の名称。

14　**升形**
敵の城内への直進を防ぐため、城門の内側に石垣・土塁・屏などで囲った四角い空間。一の門（高麗門）と二の門（渡櫓門）が直角に設けられ、右折れ進入が多い。塁線の外へ張り出した出撃型が外升形、一の門と塁線が直線の配置を防御型の内升形と言う。中世には五間×八間(四〇坪)を標準とし、五〇騎（一備《ひとそなえ》）を計って出撃させたという。これを五八の升形という。

15 **シトミの土居《どい》**

蔀《しとみ》は塞《ふせ》ぎ蔽《おお》うことで、城外から城内を見通されないように、蔽い隠すための土塁。

16 **蔀矢倉《しとみやぐら》**

城外から城内を見通されないように設けた櫓。

17 **大角《だいかく》馬出**

城外に出撃するため、騎馬武者が勢ぞろいする陣地が馬出で、大形でコの字型をしているのを言う。陣地から応戦して激しく射撃し、敵が怯《ひる》んだ隙に左右の虎口から打って出る。

18 **橋升形**

虎口の外の堀に、四角の張り出しをつくり、城外に出撃する橋を架けた升形を言う。

19 **虎口蔀**

虎口の内側に、一文字（直線）土居（土塁）や半月土居などを築き、城外から見通せないよう工夫した出入口。

20 **カザシクルハ（茀郭）**

城内の見通しを妨げるために設けた郭。

21 **長橋**

城の橋は、長いほど進入してくる敵を城内から効果的に射撃できる利点がある。

22 **土橋シトミ**

土橋が、城外から見えないように、土塀や植物などを配置する。

23 **アツチ（垜）**

弓の稽古《けいこ》用の的《まと》を設けた土手のことで、転じて虎口の内側あるいは外側に設けて敵の攻撃を防げたり、味方の出撃を助ける土塁を言う。

24 **カサシウヘモノ（茀植物）**

城内を見通せないようにするために植えた植物。

25 **辻馬出**

城内から出撃するときの拠点となる施設を馬出と言うが、軍学書では蝉《せみ》形馬出・角馬出・草《そう》之角馬出・行《ぎょう》之角馬出・真《しん》之丸馬出・辻之馬出・曲尺馬出を挙げる。辻馬出は、図のように二つの虎口が対角線上の位置にあるとき、両方を蔽う直角の土塁・塀を設けた馬出を言う。

なお、真・行・草は上・中・下のランクを言う。

26 **カサシ土居（茀土居）**

城内の見通しを妨げるために築いた土塁。

次頁の「城築図Ⅱ」はセットになりますので、合わせてご覧下さい。

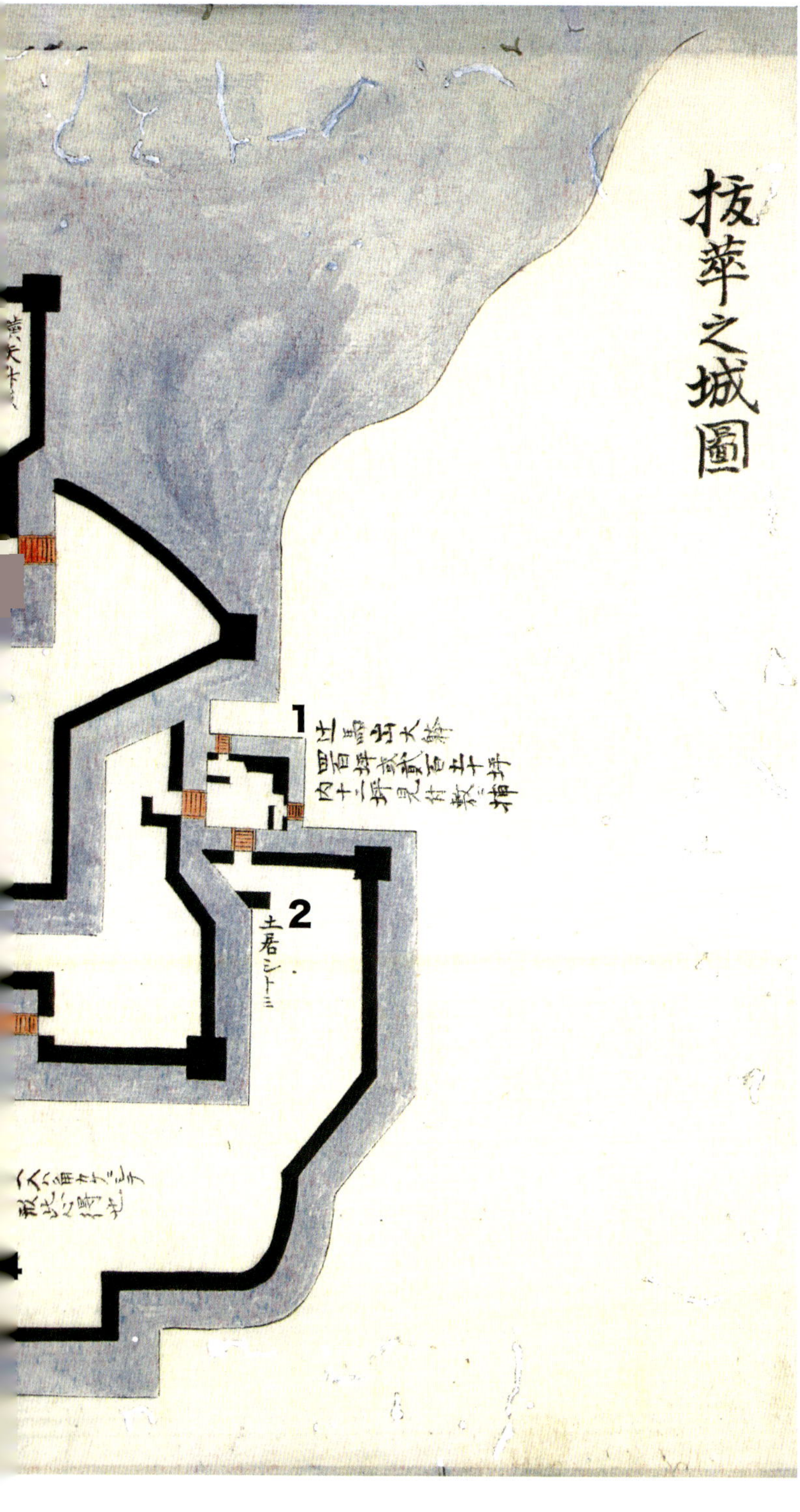

城築図Ⅱ
抜萃之城圖（福島県立図書館蔵「佐藤文庫」）
軍学書に図示された縄張り（設計）図で、城郭の施設・構造の模式図です。

凡例
青色　水堀
緑色　土塁・台地
黒色　石垣・隅楼
赤色　橋
黄色　石段・雁木

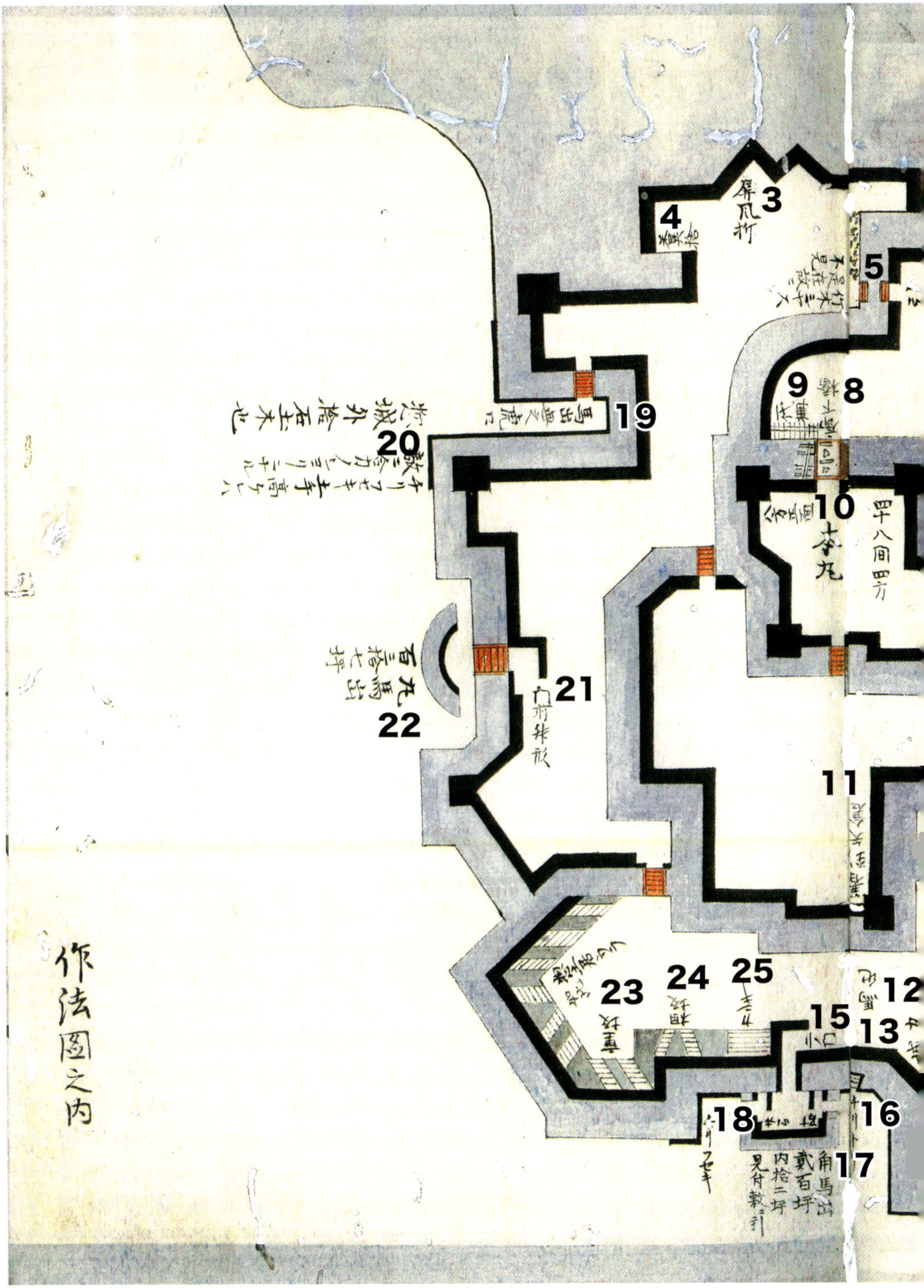

3
屏風折
4
5
8
9
10
本丸
11
12
13
15
16
17
18
19
20
21
22
23
24
25
作法図之内

1 **辻馬出**

大躰四百坪或弐百五十坪、内十二坪見付敷ニ捕《とる》　辻馬出は前出。面積は二五〇～四〇〇坪中、一二坪は門の敷地で占める。

2 **土居シトミ**

前出の蔀土居と同じで、目隠しのための土塁。

3 **屏風折**

塁線（土塁・石垣）を出角・入角にすれば柱を立てたように頑丈になり、連続斜《ひずみ》にすれば横矢を掛けることができる側射の装置。

4 **糞捨《くそすて》**

糞尿《ふんにょう》を水堀や沼に捨てる放出口で、搦手に設ける。

5 **引橋**

高麗門の前一間余を門内に引き入れ、敵の侵入を防ぐ橋。江戸城北拮《はね》橋《ばし》は古写真によると、門前の一間余の木橋の一部を滑車で拮ね上げて遮断する。

6 **横矢升形**

郭の隅を四角に堀に張り出し、郭の側面を矢弾《やだま》で射撃する装置。舟で接近し、石垣を登る敵を側射する。

7 **ヒツミ（邪・斜）**

壁面（土塁・石垣・土塀）を屈曲させ、横矢を掛ける装置。図では、正面の橋上の敵を側射する。

8 **廊下橋**

多聞櫓のように橋に屋根をかけ、両側を壁で囲んで狭間をあける。通行と攻撃両用の橋。

9 **一代柵**

柵は丸太や角材を列に立て並べ、仕切りと防御のための施設。貫《ぬき》（横木）を通して頑丈に立てる。恒久的な城では角材を用い、臨時の城では生木を用いた。図では一代柵とあるので、丸太であろう。

10 **本丸**

図では二重の輪郭式の平山城となっており、軍学で理想の配置とされる。郭が多数の場合、中心の郭を近世には本丸と呼んだ。**八方正面**の櫓は、四方と四隅で、どこから見ても正面に見える整った櫓。

11 **着到矢倉**

城内大手門近くの要所に監視用・物見用に設けられた櫓。一説には合戦の際、味方軍勢の参陣（到着）を確認することに由来する名称とされる。

12 **馬屯《うまだまり》**

17角馬出の内側升形の渡櫓門（二の門）の外の空間で、出撃のため升形に入る順番を待つ騎馬武者の待機場所。徒《かち》武《む》者《しゃ》の場合は武者溜と呼ぶ。

13 **角カケ　カヤウノ取内へ入ハ角カケニシテ城内セマシ大形此心得也**

図では、升形二の門と横曲輪櫓（？）間の壁（土塁・石垣・土塀）の線を直角にせず、隅切り（角欠）にしている。角欠にした理由に、城内が狭くなるからだと注記している。

14 **横曲輪**

馬出の横に設けて、馬出から騎馬武者が出撃するのを、矢弾で援護し、敵が怯《ひる》んだ隙に両側虎口を開けてスタートを切る。大型横曲輪は馬出の前方を狙撃する絶好の位置にある。

15 **二ノ門**

升形の一の門に対して、内側の渡櫓門を指す。

16 **チリトリ（塵取）**

堀の塵を集めるため、水面に降りる石段を言う。

17 **角馬出弐百坪内拾二坪見付敷ニ引**

コの字型で二〇〇坪中一二坪は土塁敷とある。

18 **チリフセキ（塵防）**

塵が堀に入らないよう築いた小土手。

19 **馬出無《うまだしなし》之《の》虎口《こぐち》**

17のように虎口の前に馬出を伴わない虎口。

20 **チリフセキ土手高ケレハ敵ニ合力《ごうりき》ノシヨリニナル**

塵防ぎ土手が高いと、寄せ手に利用されることになるとしている。

21 **門前升形**

二の門の外にある升形で方形空間が内外に連なる。平川門前空間。

22 **丸馬出**

三日月形（半円）の馬出。

23 **重坂**

土塁・石垣に上って防戦するために、並行して設けられた坂道・石段。上り、下り専用にして戦闘時に混乱しないようにする。

24 **相坂《あいさか》**

土塁・石垣に上り下りするため、八の字状に設けた坂道・石段。

25 **カンキ（雁木）**

土塁や石垣などに上る坂道や石段。

城道のゆるい勾配の道には、石段をまばらに配置する坂道があり、これも雁木坂と言う。

※解説文は『日本の城の基礎知識』『城と石垣の歴史』参照。

付録B　守城記

福島県立図書館蔵

一　凡城ヲ攻守スル事、天下陣ト国取合ト根城ト砦《とりで》トの別アリ。各大同小異ナリ。天下陣トハ将軍家ノ御敵籠城スルヲ、天下ノ諸大名輻湊《ふくそう》シテ攻ル也。小田原・大坂ノ籠城ノ如シ。国取合トハ諸国ノ大名各領国ヲ守、互ニ境目ヲ争テ押《おさへ》ノ城ヲ攻守スルナリ。根城ニ籠ルトハ主将ノ本城ニ籠ルナリ。砦ノ籠城トハ領国ノ押ノ城ニ居住スル家老侍大将等籠城シテ押入敵ヲ防支スル也。

一　凡攻城ノ業ヲ論スル事、砦ノ城ヲ以テ専トス。是ハ敵ノ働入差寄ノ城ナレバ必先攻ノ故ナリ。根城ニ籠ルト云ハ、主将ノ勢衰テ四方ノ押ノ城モ悉《ことごと》ク落サレ本城バカリニ成テ取込ル也。是ヲ孤城ト云。斯ノ如クナルハ滅亡ニ及タル時ノ是非ナキ勢ヒ也。故ニ根城ニ籠ル事ハ希ナリ。砦ニ籠ル事ハ度々アル事也。

一　城代

主将出陣等ノ時、留守居トシテ其城ヲ守ル役也。節目人品武功トモニ選テ任スル也。尤《もっとも》重役ナリ。城主ノ留守ニ不意アル時ハ、本城ニ居テ指麾《しき》ヲ司ルナリ。

一　城持

家老士《さむらい》大将等本城下ノ四辺敵国ノ押ノ城ニ居住シ、已カ妻子ハ本城下ニ差置已カ家中ノ妻子ハ押ノ城ノ城下ニ置ナリ。山城抔《など》ハ麓ノ地ニ屋舗ヲ割常ハソレニ居住シ城ニハ番手ヲ置敵押来ルト聞時ハ諸士籠城シ、妻子ヲ城中ニ入、或ハ時勢ニ依テ足弱（女）ハ遠方へ片付テ陰置ナリ。城持ハ大身也。小身ハ組合テ番手持ニサセ本城下ニ妻子ヲ置也。

一　番手持

敵国へ出張タル砦附城・向城等必番手持也。是ハ家老・士大将ニ物頭ヲ組添テ籠也。是ハ一向在陣同事ニテ足弱ハ一人モ置カス、戦兵計リ選テ籠ル也。家老ハ本丸、番頭ハ二三ノ丸、検使物頭大手門脇ニ居住スル事勿論也。

一　籠城大意

隣国組拒ミテ強キ方ヨリ境ヲ蹈込テ弱キ方へ働入リ、弱キ方其時勢ニ依テ籠城スル也。此時砦ノ籠城ト根城ノ籠城ト訳異ナリ、砦ハ矢庭ニ籠城スルナリ。其故ハ押ノ城ニ置勢ハ何トシテモ押入敵ト押出テ戦フヘキ程ハナク、小勢ナル事必定ナリ、故ニ城ニ籠リ城地ト嶮利ヲ吾カ合力トシテ敵ヲ引受掛留暫ク支防内ニ、根城へ注進シ主将ノ後詰ヲ待受テ、寄手ヲ押払運ヲ開ク也。押へ敵大軍ト雖《いへど》モ砦ノ城ヲサノミ容易《たやす》クハ抜キ難シ。何トシテモ隙入ナク又押ノ勢ヲ残シテ押通ル時ハ、大衆モ引テ入ハ敵城ヲ後背ニ置テハ、諸人ノ心モ同カラス。在陣シニクキ故大方ハ砦ヲ攻落シテ働キ入事也。然バ隙取内ニ本城ヨリ後詰スル事也。爰《ここ》ヲ以テ砦ハ敵押向ト聞テハ兎角籠城スル事極リタル事也。

一　主将ノ本城ニ籠ルト云ハ右ニ異ナリ、先ツハ主客ノ勢甚異ニシテ出向テ戦フ事叶ハズ、暫ク城地ニ拠リテ敵ノ力ラヲ労セシメ虚ノ生スルヲ待テ勝ヲ得ベシトノ謀也。然レトモ隣国ニ味方アリテ必後詰スル約アルカ、敵中ニ内通裏切ノ頼アルカ是等ノ奥意モナク唯打顕テ対シ難キ故ニ籠城スルト云ハ至テ拙キ下策ナリ。少シニテモ対スル力ラ有ラハ国境ニテ下策ノ一戦ヲ遂テ運ヲ試ムヘキ事也。

右ノ奥意モナク城ニ籠リ敵ヨリ四方ノ口々ヲ押閉ラレ

ハ方ヲ取囲マル、時ハ、実ニ細魚《ざこ》ノ如ク僅ニ一城ニ追込ラレ、城外ハ皆々敵ノ如トナル。偖《さて》又城ハ何程堅固ナリトモ、兵粮・玉薬モ尽ル期アリ、又人心ノ反覆常ナク永籠城ニハ必内ヨリ虚ヲ生シ、自ラ落城スル也。

籠城ハ人心退屈シヤスク明日ノ存亡ハ顧ミス、先城ヲ出タシト思フ物也。大坂・小田原等ノ籠城モ和談ノ謀ニ陥テ亡タル事是永籠城ノ成リ難キ証ナリ。敵ハ広キ地ニ在ル故気屈セス、城兵ハ狭地ニ取籠リ居ル故甚気ヲ屈ス。其時節ヲ察シ寄手ヨリ城中所々へ矢文ヲ射送リ、内通ヲ誘ヒ或浮説ヲ云触シ、恐懼ヲ生シサセ、城中ヲ不和ニナシ自落城サセ或此時和談ノ謀ヲ掛ラルレバ、城中籠城ニ倦タル所ヨリ、和談ヲ信用スル者也。假令少々謀ナル事ヲ察スルト雖モ、衆議ノ同スル処ハ説破リ難シ。終ニ甲斐ナク落城ニナル者也。偖又籠城ノ内ハ諸人退屈シナカラモ、守衛整地既ニ和談ニナリ、城門ノ出入モ自由ニナリテハ、雑人等ハ欝散《うっさん》ノ喜ニ心弛ミ妻子ノ愛情ニヒカレテ勇気大ニ虚脱スル故、又変アリテモ取アエズ速ニ再籠城セン事如何ナル名師謀士モ叶ハサル事也。刃ニ血ヌラズシテ陥城スル事ハ和談ニアリ。攻城ノ良策是ニ過ズ、故ニ寄手ハ必ズ是ヲ用ユ、城主ハ此処ヲ能々思量シテ始ヨリ覚悟ヲ究ムヘキ也。

一　籠城用意

凡敵ノ押入事大軍程速ニハ成難キ故、敵国へ置タル間《かん》者《じゃ》ノ注進境目ノ沙汰ニテ敵来ル事ハ聞ユル也。然時ハ味方ノ勢ヲ校へ出向テ戦フヘキヤ、籠城スヘキヤノ可否ヲ評定シ、籠城スヘキニ決スル時ハ其用意ヲ成スヘシ。砦へ加勢ヲ入・野ヲ清メ・道路ヲ絶・城郭ヲ修理シ・兵粮玉薬ヲ蓄ル等ノ品、悉其法アリ委ク下ニ注ス。本城ニ籠ル一例ナリ。砦モ是ニ准シ取捨スヘシ。

一　砦加勢

是ハ本城籠ニ究《きま》ル時ノ事ナリ。敵ノ押入ベキ手先ノ砦其繋《つなぎ》ノ城々へ加勢ヲ籠メ亦本城ノ助トナルヘキ四辺ノ城々ハ加勢ヲ入テ、ハタバリヲ付（大きく構えて）無益ノ城ハ掃捨テ人衆ヲ費サズ肝要ノ所ヲ丈夫ニ持堅ムヘキナリ。

敵ノ押来要路ノ詰リ々ハ新ニモ砦を取入人衆ヲ籠置諸城連環シテ相救フベシ。是等ノ内ヨリ便リノ宜キニ乗シテ夜討朝駈ナトシ、敵ヲ労セシムベシ。是等モ落果テ後本城ニ取籠ル是ヲ孤城ト云。始ヨリ一城ニ籠ルニハ非ス。成ルヘキ程ハ、四辺へハタバリヲ付テ抱ルナリ。然レトモ籠城スル程ノ勢ニテハ、思フ如ク成難キ事モアルヘシ。先ツ成ルヘキ程ハ斯ノ如クスル事定法也。是ニ依テ砦ニ取アヘズ籠ルト主城ニ籠ルトハ少ク別ナリ。

一　清野

敵ノ押入テ必ス陣スヘキ地ヲ考へ、其辺ノ村里ヲ毀《こわし》取或焼払又其辺ノ山林ヲ伐採或焼失敵ノ便宜ヲ失ハシムへシ。是等ノ物城中へ取入ル便アラハ取入ルヘシ。サナクハ焼失フヘシ。是ヲ野ヲ清ルト云也。

吾カ村里山林等ヲ焼ヲ自焼ト云。捨置ノハ敵ノ利トナリ又敵ヨリ放火スル時ハ、敵ノ勢強ク吾勢衰ルナリ。故ニ自焼ヲスルナリ。

一　絶道

敵ノ押来ルベキ道筋ノ川ハ船ヲ隠シ、橋ヲ毀テ彼ガ道路ヲ妨ルナリ。船ヲ隠ストハ他所へ乗リ廻シテ近辺ニ置ザルナリ。又河辺ノ泥中或砂中ヲ掘テ埋置モスルナリ。

一　蓄糧

在々ニ作置タル稲麦等ヲ刈取又蓄置タル五穀馬草悉奉行ヨリ改メ城中へ入サセ員数ノ證文ヲ与へ置キ運ヲ開キテ後一倍ヲ与フベキ由約スヘシ。諸士市店寺社等モ是ニ同ジ当座ノ代ヲ望ム者へハ、金銀ヲ与フベシ。若シ城中へ取入難キ所々ハ焼捨べシ。

船着岸ノ湊抔ハ船ニ積タル粮穀ヲ取入べシ。或ハ他ノ遠キ浦ニ乗廻シテ敵ニ奪ワレザル様ニスヘシ。

一　城下ノ町ヲバ自焼セズ先ツ抱ル事モアリ、請方ノ皆丈夫ナル内ハ勿論ナリ。孤城ニナリテモ人衆多キ時カ或吾勢ノ強弱ニ従テ捨スシテ、抱ル事モアリ。

一　用間

常ニ間ヲ用ルト雖トモ、斯如キ時ハ尚々怠ルベカラス。又敵ノ押入道筋へハ段々ニ忍抔ヲ出シ、敵地ノ動静ヲ窺ヒ注進サセテ機変ヲ計ヘキ也。

一　城郭修理

湟《ほり》浅キ所ハ掘リ、矢倉屏石垣土居等ノ損ジタル所ハ、修理スヘキ事勿論ナリ。或ハ人衆多城狭キ時ハ、出丸ヲ架へ捨郭ヲ取立捨堀ヲ郭ニ囲ミ、或ハ猶多勢ノ時ハ新ニ惣郭ヲ普請シテ籠ルナリ。又人衆少ク城広キ時ハ無用の郭ヲ掃捨テ小詰ニナシテ籠ルナリ。

一　城外敵付ノ所ニアル家築地土石竹木ノ類、敵ノ仕寄ノ便トナルベキ物ハ悉ク取掃城内ニ在テ重宝トナルヘキ物ハ、取入べシ。入用ニモナラヌ物ハ取捨焼捨べシ。其外何ニヨラス埋草ノ便トナリ、彼カ陣具ノ助トナリ、城内ヨリ見切ノ陣トナル物ハ、皆右ノ如ク取捨べシ。城外ノ藪林抔ハ伐払ヒ株ヲ残シソギ尖《とが》ラセテ菱垣ニカへ用ユへシ。敵ノ足場悪キ時ハ攻ニクキ故城方ノ助トナルナリ。

一　引橋ハ引落シ、蔀《しとみ》橋ハ見透ノ方ニ柱ヲ立横木ヲ結テ其表ニ板ヲ立、或ハ竹束ヲ付控柱ヲ立テ矢玉ヲ防グヘシ。

一　俄ナル普請ニテ屏薄クハ屏裏ニ古畳ヲモタセ掛置へシ。矢玉ヲ能防クモノナリ。又一ニ古畳ハ靠《よりかけ》テ置ヨリハ釣テ置カ宜トナリ。厚板抔ニテ蔀ハ尚々宜ト云ヘトモサノミ多クハ用ヒ難シ。畳ハ板ヨリ玉ノ防ハ勝レタル由ナリ。是モ城内ニ屏ヨリ少間置テ柱ヲ立、横木ヲ結畳ヲ持セカケテ又横ニ木カ竹ヲ当テ柱ノ横木ニ結付ルナリ。

一　走矢倉石打棚トモ云屏ノ控柱ノ上ノ腕木ニ板或ハ材木ヲ渡シ、人ヲ揚ケ石ヲ投鉄砲ヲ搏弓ヲ射或ハ鎗長刀ニテ乗上ル敵ヲ防クナリ。其為ニ城中控柱ノ腕木ハ真直ニスル物也。古へ鉄砲無時ハ専是ヲ用ヒタリ。今モ甚利アリ。

一　走矢倉ニ上テ働ク時ハ、敵既ニ屏裏ニ付テ乗ラントスル時ナリ。此時ハ敵ヨリ鉄砲ヲ搏ス故ニ危カラサルルナリ。

一　屏裏所々手頃ナルヲ石ヲ集メ置、敵乗掛ル時投掛ルナリ。

一　川ニ添タル城ノ水ノ手、城外へ出テ水汲所ハ川中ニ竹束ヲ付テ其陰ニテ汲ナリ。川ノ中手前ノ磯《いそ》ニ柱ヲ立横木ヲ渡シ竹束ヲ結付ル也

一　撥盾《ぱちだて》　急なる普請ニテ矢倉成難キ時、敵付ノ否ナル所アルニ、其所ノ屏裏ニ是ヲ設テ、矢懸ヲ能スルナリ。走矢倉ノ如クナル棚ヲ幅広クシ板ヲ敷、城外へ見ユル所ヲ

図1　走矢倉之図

楯ニテ囲也。

　盾ハ横木ノ外面ニ壷金手打センヲサシ、張木ニテ下ノ方ヲ外へ突出シ、屏下ヲ射左右ノ横矢ヲ射ルナリ。或ハ横木ノ内面ト外面トニ盾ヲ互違ニ当テ押木ヲ当テ縄釘鋏《はさみ》等ヲ以テ如何様ニモ固ムルナリ。又古代俄ノ普請ニ屏ノ手合ハサル所ハ、盾ヲ撥並テ屏ノ代リトシタリ。

一　石弓台　是ハ山城ニ用ルナリ、敵付ノ不堅固ナル処ニ架置、城外ノ地ヲ少シ切リ平ニシ石弓ヲ架、其所ノ屏ニ出口ヲ開キ置、敵急ニ攻上ル時此引付タル縄ヲ截放セハ弓木ニ弾カレテ石轉落テ敵ヲ打拉也。又平城ノ石弓ハ石ヲ縄ニテ括リ、狭間ノ外面ニ釣リ其縄ヲサマノ内へ取株ヲ打テ留置ナリ。

一　逆茂木　急ナル普請ノ時、屏モ掛アヘヌ所カ、又ハ不堅固ナル敵付ノ所ハ、屏外ニモ是ヲ設テ敵ノ寄ル足場ヲ悪クスル也。

一　矢間蓋

　矢間品々有鉄砲矢間蓋ハ樫木ノ径五六寸ノ円キ木ヲ長七八寸ニ切、二ツニ割縄ヲ付矢間ノ上ニアル腕木カ、或

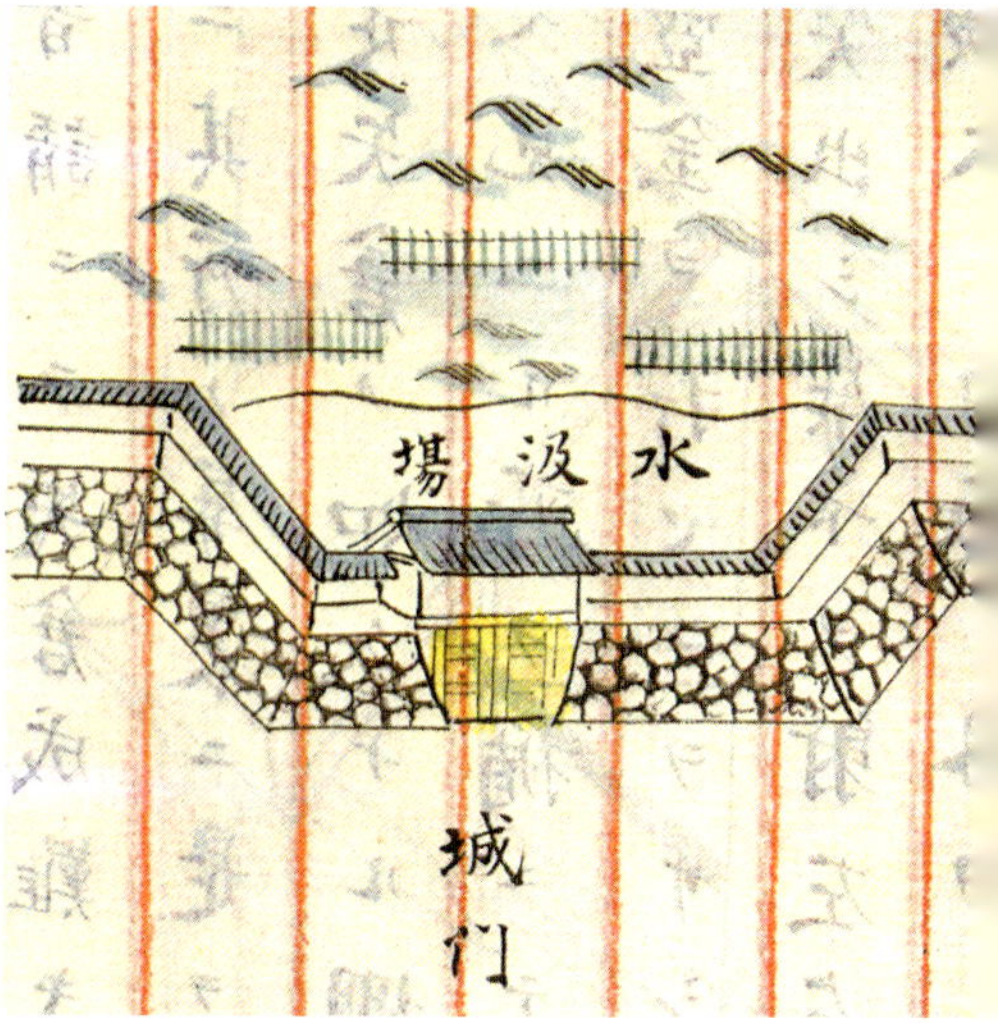

図2　水汲所

図3　撥盾

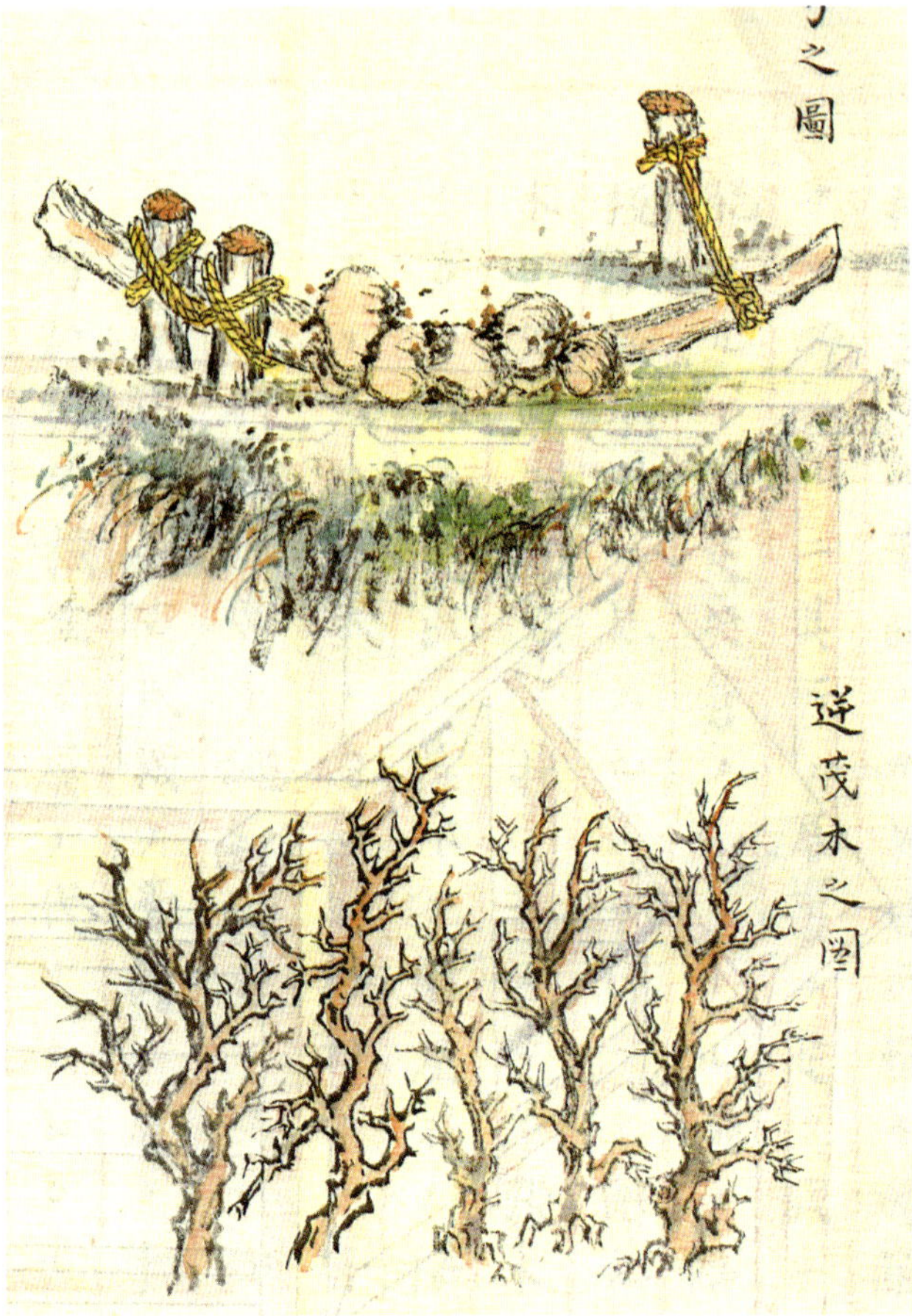

図４　上　石弓之図　下　逆茂木之図

図５
矢間蓋

ハ折釘ヲ打テ結付テ下ケ置、丸キ甲ノ方ヲ城内ヘナシ平ナル方ヲ矢間ニ当ル鉄砲ヲ搏時ハ筒先ニテ押除テ搏ナリ。

一　又土俵ヲ立ルモヨシ、図ノ如ク立テ矢間ト土俵ノ附ヲ少明其間ヨリ筒ヲタメテ差出シナハヘテ搏ナリ。

一　矢ザマ蓋堅木ニテスル図ノ如ク蝶番ニシテ杖ヲ以テ突付テ置ナリ。

一　矢間飾トハ藁《わら》ヲ以テ正月ノ飾藁ノ如クニナシ、屏ノ外面矢間通リニ張テ、矢間ノアル所ニ敵ニ知ラセサルナリ。

後説曰、矢間蓋木ニテ成ラザルハ土表ヲ用土俵成ラザルハ藁飾ヲ用ルナリ。藁飾ハ外ヨリサマ見ヘスト雖モ鉄砲ノ煙残リテ敵ヨリ有所ヲ知リ易シ。又内ニ蔀ナキ故天然ト矢間ニ入タル矢玉人ヲ損スル故是利用宜シカラスト云。

又曰城内櫓ノ矢間ヨリ寄手ヲ搏鉄砲ハ、乗合能キ故搏ヨキナリ。寄手ヨリハ上矢ニ搏故矢道合ハズシテ櫓ノ上ノ人ニハ中ラス、大方空ヘ搏故櫓ノ檐《ひさし》ナトヘ搏付レバヨ

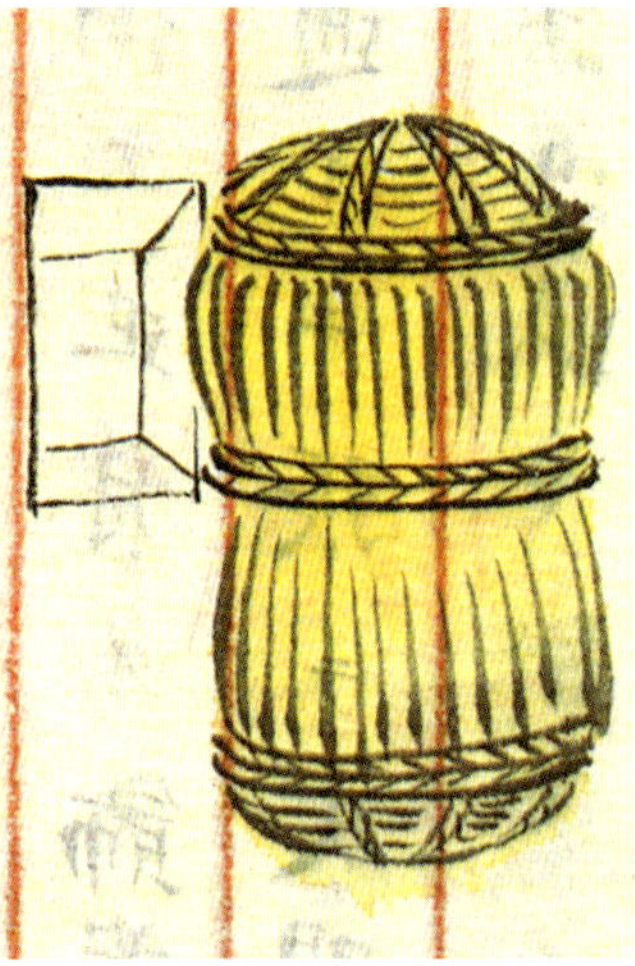

図６　土俵

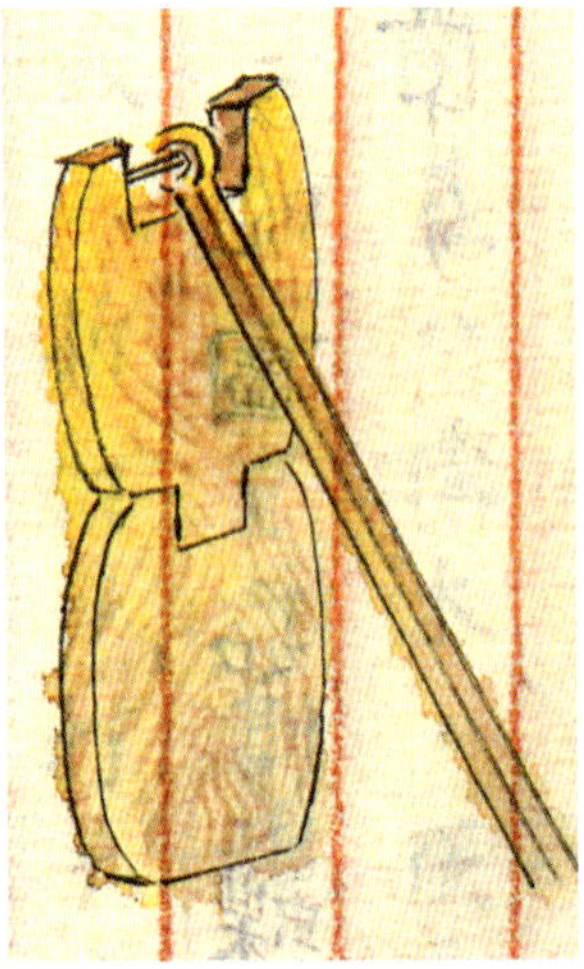

図７　矢ザマ蓋

キ中リノ分ナリ故ニ矢倉囲ハ入ラヌ事ナリト云々。

一　猿明松

或ハ猿火トモ云夜中屏外ニ忍寄者抔アリヤ見ル物也。下ニ少キ板ニ蝋燭ヲ立ル釘ヲ打上ニ銅或土器ヲ覆トシ針金ニテ釣土器ニ穴ヲ明針金ニテ締ヲ出シ、縄ヲ付ルナリ。又蝋燭ヲ用ヒス明松ヲ結付テモ用又提灯ヲ結付テモ用ルナリ。又曰城外心元ナキ時ハ専ラ風雨ノ夜ナリ、其時ハ提灯ヲ用ル事作廻宜キナリ。

図８　猿明松

又大土器ニ穴ヲ明テ縄ヲ通シ土器ノ下ヘ落ザルヤウニ穴ノ下ニテ一ツ結ヒ其端ニ松明ヲ付右ノ縄ノ本ノ端ヲ小猿ヲ通シタル縄ノ端ヲ締ニシテ結ヒ付ル松明ニテ斯ノ如ク堀ノ中ヲ見テ城中ヘ入ル時ハ、堀ノ水ヘ落シ消テ入ルナリ。

雨明松ノ法肥松ヲ能ク割テ束アラ々ト結夫ヲウナギノ皮ニテ巻、皮ノ剝タル所ヲ結テ置ウナギハ肉ヲ去皮ヲ乾テ用ユ何程ノ風雨ニモ消ヘズ。

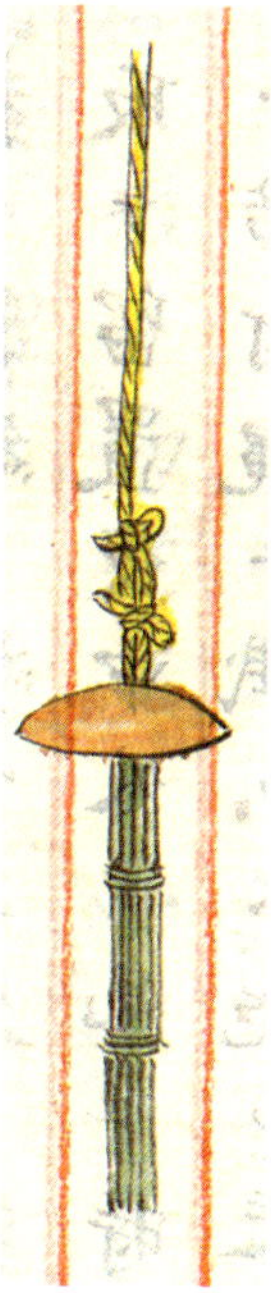
図９　猿明松

一　又堀ノ中ニ株《かぶ》ヲ打縄ヲ結付其余リヲ屏ノ上ヨリ城中ヘ取テ留置夜中外ヲ見ル時提灯ヲ其縄ニ緩カニ結付縄ニ掛ラス能ク走ル程ニ結、又提灯ニモ長縄ヲ附テ、其縄ヲ次第ニ延テ提灯ヲ下シ、水面ヲ能見テ縄ヲ手繰テ提灯ヲ引上、又其次ノ張置タル縄ニ通シ右ノ如クシテ見ルナリ。

後説曰、此法大坂ニテ用ヒタリ、幾筋モ所々ニ張置テ提灯ヲ下スナリ、然トモ縄ヲ張タル所ヨリ脇ヲ委シク見度時不自由ナリ。故ニ猿火ヨシト云々。

一　析

今云拍子木ノ類也。幅三寸許長一尺程ノ角成樫木ヲ二片一片ノ内ノ方ニ鉄ノ舌ヲ鉄ヲ薄ク能鍛テ舌ノ形ニ切打付ル此舌ニテ両木ヲ打合ル音甚遠ク響クナリ。舌ハ木ニ鑿チ込ニハ非ス木ノ上ニ浮テ本ノ方許釘ニテ打付置ナリ。外ノ方ニ左右トモ堅本ヲクリテ取手ヲ打付ルナリ。

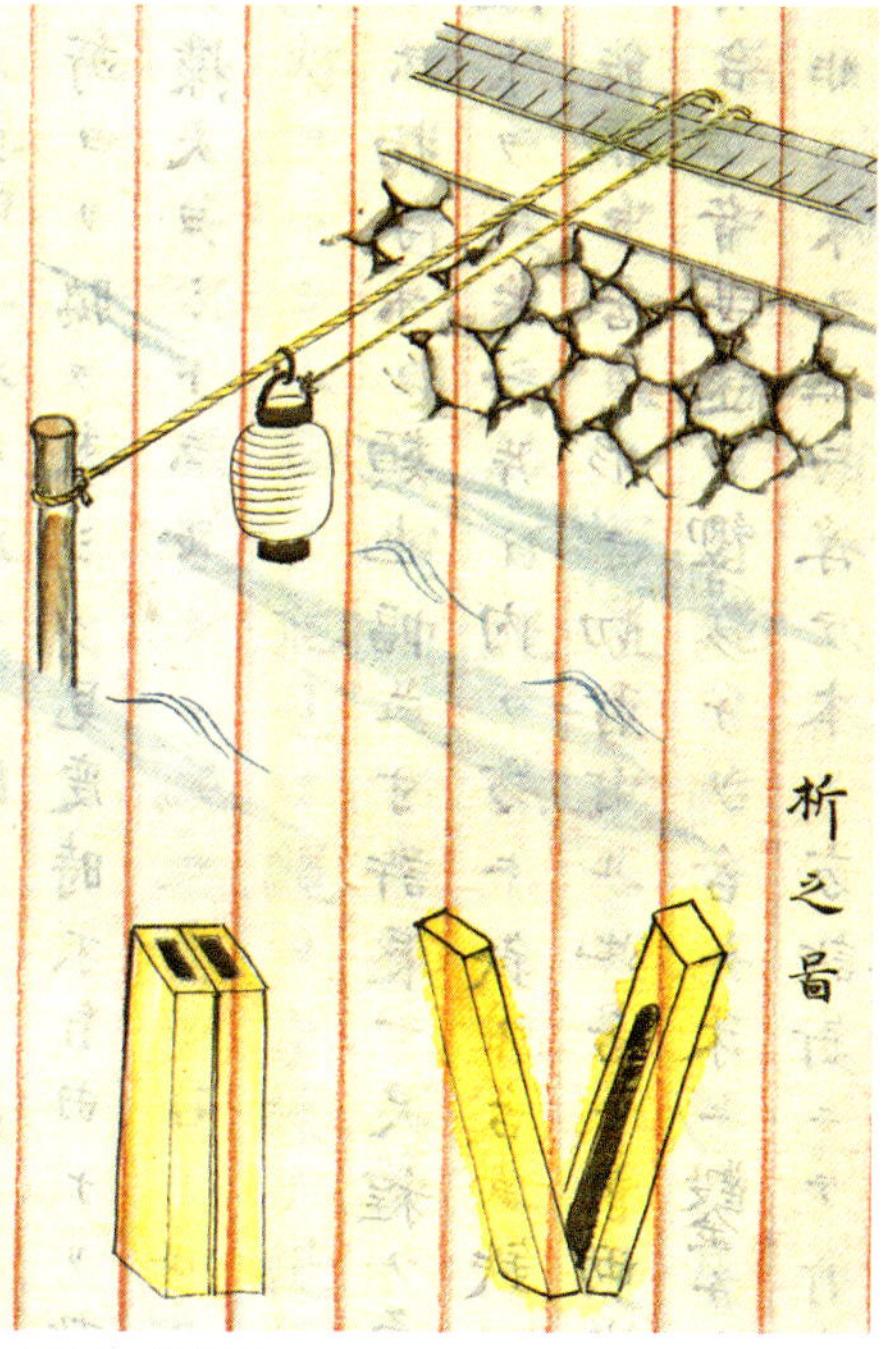

図10　析之図

後説曰析ノ製作ハ如何様ニモスヘシ拘ルヘカラズト云々蝶番アルハ打ニクカルベキカ尚糺スベキナリ。

一　村井氏ハ舌ヲ銅ニテスル由云伝ヘリ本文ハ八田篤則ヨリ石川氏ヘノ伝ナリ。

一　可蓄積物

米・麦・豆・粟・稗の類　糒　飼葉　塩　海草　芋茎
干菜　干魚　鰹節　漆　渋　鉄　鉛　火薬　弓矢　鎗
鉄砲　火縄　紙　縄　釘　竹木　板　藁　菰　薪　油
蝋燭　綿　布　炭　薬種

右其大旨ヲ挙ル也。猶要用之品々勘弁取捨スベシ。

後説曰篭城之時ハ食物上下ヲ別クベカラス成ルベキ程豊饒ニスベキ也。

一　又曰凡境目ノ篭城短キハ五三日、永キハ廿日三十日是大抵ノ積、其内ニハ後詰シテ追払フナリ。然トモ寄手ト後詰ノ勢ニ応シテ長短アルべキ也。

一　水溜

小路門内或四辻或屋敷下等邪魔ニ成ラザル所々ニ大桶瓶抔ニ水ヲ湛置出火ヲ防或働之者之渇ヲ湿スベシ。或ハ一町コト桶一ツ宛配置テ水ヲ湛べシトモ云ナリ。砲礫玉ニ桶ヲ覆セ、又莚ヲ掛又砂カ土ヲ掛レハ飛ズト云々。

一　矢間配大挌（略）

城内ニ篭ル人数多城狭キ時ハ、喧嘩火災等ノ騒動多クテ不意ノ敗アリ。不浄モツカヘ病人モ多テ害有人数少ク城広キ時ハ守薄クシテ危シ。故ニ城ノ大小ニ拘ズ矢間十毎ニ二十五人宛配ヲ大槩トシ是ニ本ツキテ配レハ過不足ナシ。尚人数余ル時ハ出丸ヲ取出シ人数ヲ分テ守ラシム又人数少キ時ハ外郭ノ内要用ナラザル所ヲ掃捨テ小詰ニシテ持べシ。

後説曰矢間一筒一人ナレハ可也。二人ナレ漸固シ。三人ナレバ益固シト云々。

一　大坂ハ三人宛ニテ持タリト云々。

人数少キ時ハ領内ノ猟師ノ常ニ鉄砲ヲ能搏習タル者ヲ集メ、人質ヲ取其頭ヲ付テ屏裏ヲ守ラシムベシ。

一　些抔ニ篭ル人衆大挌戦兵百人炊者三十人ノ積也。尤是大概ノ事ヲ云ヘルナリ。

後説曰根城ニ篭ル時ハ家中ノ妻子等迄篭ル故尚々此積リハ合ハズ然トモ些等ニ篭ムルニハ此積リ能キ程ナリ。此積リニスベキト云々。

一　人衆分

城内ノ人衆十ニシテ三ハ旗本近習役人トシ、四ハ四方ノ守兵トシ、三ハ遊軍トシ不意ノ手当トス。是大凡ノ挌也。

或説曰惣人数三分一ヲ遊軍トスト云々。

一　又曰惣人数ヲ十ニシテ二ヲ旗本本城ノ守兵トシ、五ツ四面ノ守兵トシ三ヲ遊軍トスト云々。

一　又遊軍ヲ又三手ニ分一二三番法令集ニ八四番ト有時ノ宜ニ随ヘキカ之次第ヲ定メ敵急ニ攻ル時危キ持口へ追々ニ差加テ防ガシムルナリ。右之内夜討抔ノ時モ是ヨリ助クルナリ一番組ハ急速ノ手当トシ昼夜城内ヲ巡行シテ不意ヲ戒メ守ル也。二番組ハ火消ノ手当トス。三番組ハ普請等ノ雑役ヲ勤べシ。右三番毎日毎日替々巡番スル也。

一　配持口

総人数の着到ヲ以テ旗本ヲ引又遊軍ヲ除キ、残ル人衆ヲ四方之門々之守兵ヲ定ム。大手ハ右ノ先脇ノ虎口ハ左ノ先中ノ先搦手ハ二之先前備脇備後備等ノ内ヨリ持タスル也。虎口ヲ持べキ人数ハ其虎口ノ大小廣狭嶮易ニ応スベシ。偖虎口ト虎口トノ間ノ屏裏是ヲ平ト云。平ノ持場ヲ定ル法ハ城ノ外周平ノ惣間数何程ト積リ知リ門々ニ配タル家老虎口ヲ持ツ人数ヲ除テ尚残ル人衆ト元ヨリ平ニ配ルべキ組々ノ人数ヲ積リ割付レハ平一間ヲ何人持ト知ル偖虎口ノ両脇ハ其虎口ヲ持家老ト虎口ヲ持タル余計ノ人数高ニ応シテ間数ヲ配虎口ト虎口トノ間ノ平ハ其外ノ組々ノ人数ニ応シ間数ヲ配テ離組ハ何所ヨリ何所迄何十何間持場ト定ル也。

一　右人数ト間数ト相当ヲ見ルニ矢間一箇ニ二人五分当ヲ中分ノ規定トシ若人数少キ時ハ遊軍ヨリ持場ヲ定テ惣平ノ矢間配宜ニ叶フ如クスベシ。或ハ虎口脇等ノ肝要ナル場所ヘ人数ヲ繰越シ危カラザル場所ハ人数ヲ踈ニモ配ルヘシ。

一　城中堅固ノ地ハ老兵ニ守ラシムルト云事必トハセズ、人衆少ク引足ラヌ時ハ壮士ニ六ツカシキ場ヲ持セ老弱ノ兵ニ防キ易キ場ヲ持スルナリ。

一　人質

家中諸士ノ妻子足弱ハ本城ノ内空地或人質郭ニ小屋掛シテ集置何事モ城代ヨリ世話スル也。又領内ノ農工商ノ類其長タル者其外甲斐々々敷者ハ必其者之人質ヲ取テ篭置虚隙ヲ窺フ等ノ手段ニ用ベシ。若取放シ置テ右ノ如キ者トモ敵ヘ内通スレハ城ノ為ニ甚害トナルガ故ナリ。

一　右ノ外武具細工人鍛冶番匠壁塗等ノ類要用之者ハ城中ニ篭ベシ其外無益ノ女童等ハ篭置ベカラス。兵粮ヲ費シ浮説ヲ云フラシ大ニ害多シ。諸士ノ人質ノ侍女等ト云トモ無用余分ノ者ハ篭ヘカラス。是篭城第一ノ心得ナリ。

一　人質ヲ篭ル時ハ人質ヲ受取役人ヲ定メ人質郭ノ門ヲ閉潜戸ヲ開キ人質ヲ改テ入ル也。人質郭ヘ外ヨリ往来ノ書通禁制也。病人等有時ハ医者ノ出入ヲハ許ス也。

一　屋敷配

城内ノ諸士ノ屋舗配リハ無事ノ時ト云ヘトモ急度ノ時速ニ取合テ城内ヲ持ベキ様ニ配ル也。門々ノ内ニハ家老人持番頭鉄砲頭ノ屋敷ヲ配ル也。是ハ敵ノ攻来ル時必虎口ヨリ攻入也。故ニ大身ノ輩ヲ置足付ノ者ヲ置テ防カシムルナリ。其外ノ平ニアル屋舗ニハ留守居役ノ者其外旅勤ナキ役人等ヲ配リ置ベシ。是不慮ノ変アル時銘々ノ屋舗裏ヲ固メ防ベキ為也。主将ノ本城下ヲ始メ斯ノ如キ砦押等ノ城ニ至テハ尚以暫時モ此備怠ルベカラサル也。是ハ事急速ニ起テサマ配モシアヘ又程ノ変ニ当テ先ツ屏裏ヲ固ル作法也。常ニ此仕形ヲ諸士ニ会シ定メ置ベキ也。

一　砦ニ篭ル時矢間配スル程ナレハ、虎口平ノ持場ヲ配定ル事上ノ配持口条下ニ注スル如クナルベシ。

一　根城ニ篭ル時兵多城狭クシテ惣構ヲ新ニ築テ篭ル時ハ惣構ノ内ノ市店ヲ集勢ノ宿所ニ配与ヘ或ハ家ナキ所ニハ小屋ヲ掛テ宿セシムル也。

諸方之砦ヨリ本城ヘ集リ来ル勢又他国之浪人或近国ヨリ加勢等兼テ宿所ナキ輩也。

一　惣郭抔ヲ掃捨テ人衆ツボム時集勢等ヲ置ベキ所ナクバ組附ノ士ハ頭ノ屋舗ニ置相組ノ士ハ三四人程宛モ相宿サスベキ也。

一　中小性忍之者歩行者貝吹旗之者長柄之者手廻小者等ハ本城之多門長屋明矢倉等ニ置ベシ。

一　茶道料理人坊主台所之小役人等ハ本丸台所ニ置ベシ。弓鉄砲之足軽ハ頭々之屋敷ニ置ベシ。

一　城餝《かざり》

本丸門之内屏裏ニ主将ノ大繞（門之右脇）旗（門之左右ニ分テ立ルナリ）ヲ立屏裏重門之外左右ニ大長柄（或一方ニ片付テモ立佗ノ防ナキ方ニ立ル）陰陽幕ヲ打屏重門之内右ニ持長柄左ニ小繞小道具。蹴出前之式ニ准

スベシ。又屏中門之内ニ餝ル。貝ヲ陰陽幕之口ニ屏中
門之在所場所

一遠侍之床ニ持鎗貝大鼓銅鑼兆立持筒持弓

一広間之床側筒側弓

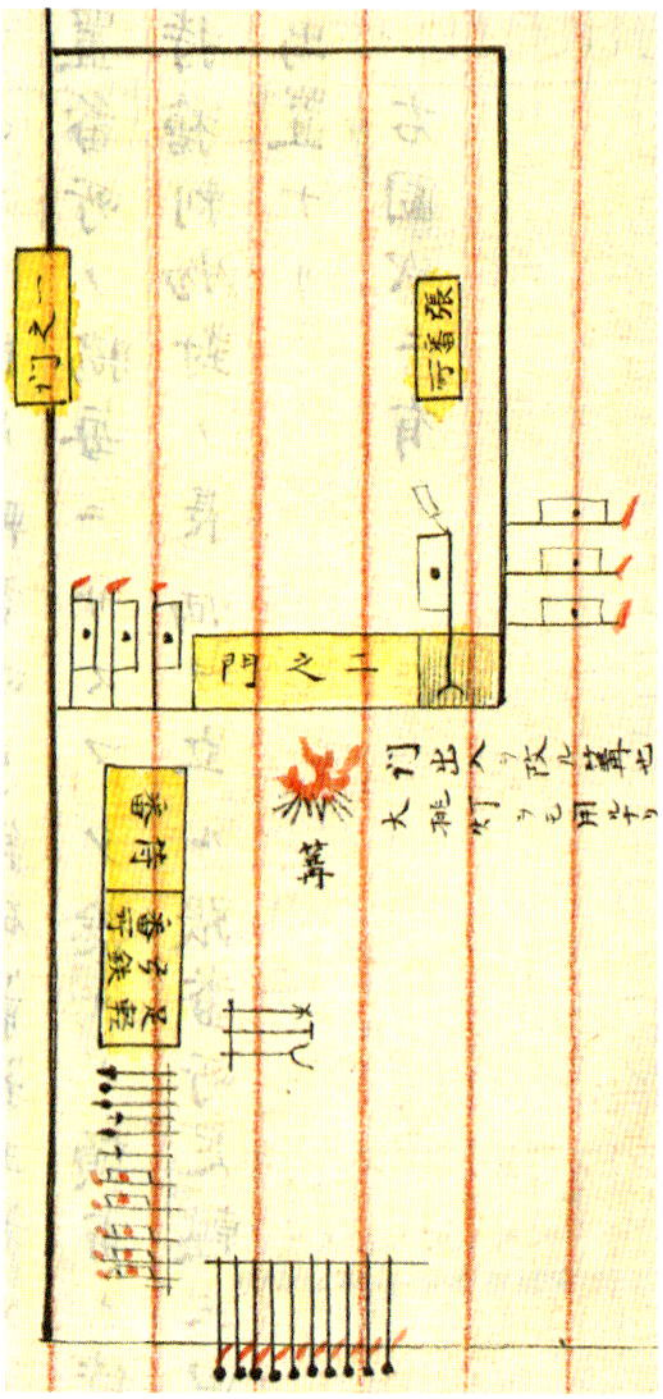

図11　城餝

外郭之門々ハ其持口之家老之大繞旗ヲ立門ノ左右ノ士居屏重門ノ右側ニス繞ヲ立旗ハ左右ニ分テ立ルナリ番所上ノ向士番所次ノ間足軽番所弓鉄砲箭箱玉箱火活ヲ置番所ノ脇毎ニサスマタ捻リノ類番ノ侍ノ持槍刺物対ノ長柄ヲ立ル張番所足軽三四人出置ナリ。

右図次ニ有（図12）

屏裏ヲ守ル家老番頭等之旗繞諸士之綏章ハ己カ持場ノ屏裏ニ立ルナリ。

一　守門

急ナル変ニ依テ卒ニ篭城シ矢間配モシアヘヌ程ノ時ハ門脇ノ家老番頭物頭等先取合セテ是ヲ固ル也。

一　緩《ゆるやか》ナル時ハ兼テ門々ノ受取ノ物主ヲ定ル故其物主ヨリ受取ノ門ヲ固ル也。惣構之門々ハ先手ノ物主ニ三之丸之門々ハ先筒之鉄砲頭本丸之門々ハ城代其外留守役之鉄砲頭勤番スルナリ。

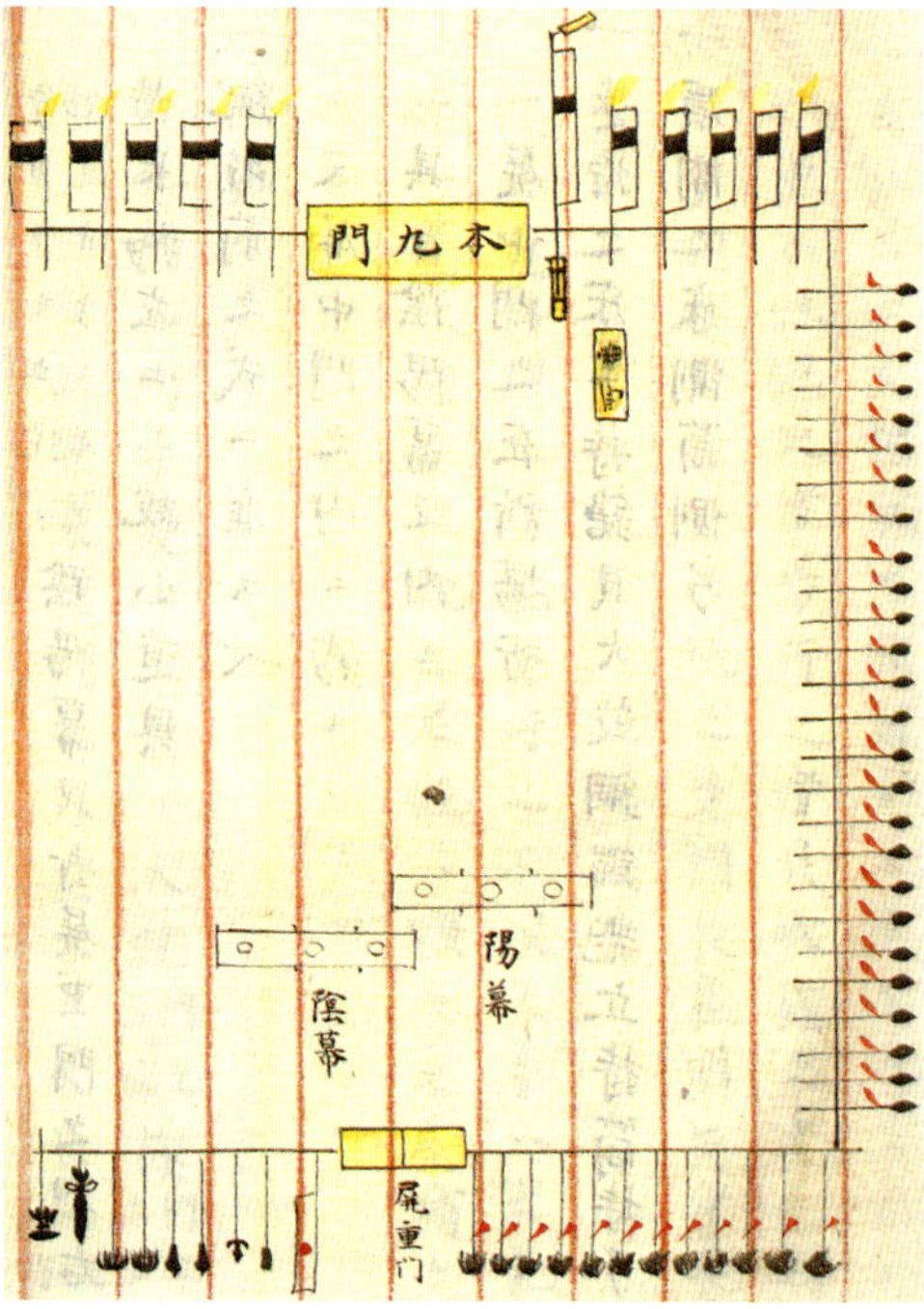

図12　城餝

惣架ノ門持口ノ物主家老等大身ナラハ上番下番張番トモニ自分之侍足軽ニテ固ルナリ。小身ノ家老番頭等ハ組ノ士足軽等ヲ以テ固ル也。二三之郭門物頭ノ足軽許ニテ士番ハ無シ張番ヲハ足軽之内ヨリ出置也。小組ノ足軽ハ二組モ組合テ勤サスルナリ。本丸モ同事也。

一　上番鉄砲頭一人侍五人小頭一人足軽十人張番三人長柄ノ者十人。

一　本丸玄関裏玄関等ノ番ハ、持筒持弓ノ足軽持長柄ノ者等陣営ノ蹴出ニ准シ知ル可キ也。

一　守平

持口定リテ各組ノ士ヲ知高ニ応シ持場ノ間ニ配渡ス。諸士己カ持場ニ刺物ヲ立敵間遠キ間ハ己カ防場ニ人ヲ付置主人ハ宿ニ居ル也。組ノ士足軽ヲ番々ヲ分屏裏ノ立番夜廻リ火消等巡リ々々ニ勤ムベシ。其組ノ頭ハ昼夜持口

ノ屏裏ヲ廻リテ怠ヲ戒ムベシ。是敵遠攻ニシテ日ヲ組テ巻寄ル時ノ事也。俄攻ニスル時ハ足軽ヲ配リ諸士各持場ヲ固自身鉄砲ヲ搏弓ヲ射ヌハ家僕ニモ鉄砲打セ或ハ知行所ノ猟師抔ノカヒ々々シキ者ヲ呼置テ鉄砲ヲ搏セ敵尚進テ屏ヲ乗ル時ハ鎗打物ニテ防ク也。敵間遠キ内ハ諸勢ノ勢ヲ省キ力ヲ保養セシメテ肝要ノ閙《さわがし》キ時屈セザル様ニナスベシ。敵間既ニ十町ノ内外ニ及テハ漸番兵ヲ増セハ時ニ及デハ寄手仕寄裏ニ人衆ヲ陰シ置城中ノ虚ヲ窺ヒ俄ニ攻入者ナレハ敵近キ時ハ弥番兵ヲ増シテ守或ハ必至ト諸勢屏裏ニ居テ守ル事、時ノ宜キニ随フ可キ也。

持口定ル時ハ其持口ノ屏裏ノ市店侍屋鋪共其持口ノ物主ヘ渡ス物主ヨリ組ノ士ヘ持場ノ次第ニ応シテ宿所ヲ配渡スナリ。

一　又曰篭城ト云ヘバ諸人昼夜屏裏ニ居ルト覚タル者有、甚謬ナリ。敵間二三十町モ隔テ巻内ハ番兵ヲ随分緩ヤカニシテ諸勢労セザル様ニスベシ。若敵不意ニ俄攻ニスルトモ昼ハ物見遠見、夜ハ忍等城外ニ出シ変動ヲ覘《うかが》ヒ若変アレハ相図ヲ以テ銘々防場ヘ集ル故程遠ク敵ノ押来内ニハ如何様ニモ取合セラル、ナリ。然バ敵遠キ内ニ無益ノ労ヲナシ肝要ノ時役ニ立スハ甚害アリ。

一　守衛

敵中ヘ間者ヲ入テ敵情ヲ知ル事第一ノ要務ナリ。扨《さて》又敵遠キ内ハ四方ヘ物見ヲ出シ夜ハ嗅聞ヲ忍バセテ出シ、敵ノ動静ヲ窺ヒ敵近付キテハ諸手各持口ノ矢間裏ニ遠見ヲ置夜忍ヲ出シ敵ノ変ヲ覘ヒ本城ヘ注進スベシ。

一　本城ノ櫓ニ昼夜トモ遠見ヲ置鐘太鼓ヲ置時刻ヲ知セ、敵ノ押寄ル時又火災有時相図ヲ定置テ諸手ヘ知シムヘシ。

一　惣構諸手持口屏裏ハ持口切ニ騎士足軽廻番之者見廻リ、夜ハ時々ニ猿火ヲ以テ城外屏下等ヲ見切足軽ニハ柝ヲ打セテ屏裏立番之者ノ怠ヲ戒メ其手ノ頭昼夜時ヲ定メス見巡リテ怠ナク守ルベシ。

柝ヲ用ル事必トハセス又常ノ拍子木抔モ時勢ニ因テ用ヒス。城中物音ナクシテ居ル事有リ斯ノ如キ時ハ惣テ物音アル物ハ用ヒザルナリ。

一　遊軍之内廻番之者惣構之内小路々々残ラス巡行スル也。

逆意疑シキ物主ハ持口ヲ他ト入替テ彼ガ謀ヲ失ハシムベシト云々。

一　二三之丸ハ旗本之騎士足軽昼夜打廻リ屏裏屋敷之者トモ昼夜廻リテ忍等ヲ防クベシ。

一　本丸ハ城代附ノ騎士足軽留守居役ノ士足軽或ハ旗長柄之者ドモヲ廻スベシ。

一　武者奉行目付夜番忍之者等昼夜諸手ノ持口ヲ見廻リ怠ヲ戒ムヘキナリ。

一　主将ハ四方ノ諸手持口ヲ昼夜時ヲ定メス巡見アルベキナリ。

一　矢倉々々其外役所ハ夜ハ燈ヲ点シ俄ニ変有時周章セザル様ニナシ、又常ニ怪キ者忍未抔見顕スヘシ。

一　門々ハ昼夜トモ扉ヲ閉置又出入スル時ハ相言ヲ以テ改メ疑無時ハ潜戸ヨリ通スヘシ。夜ハ篝《かがり》ヲ焼或大挑灯ヲ燈シテ出入ヲ改ムベシ。

一　凡夜中燈ヲ持ズ忍ブ躰之者昼迚モ怪キ体ノ者ニ行逢フ

時ハ、相言ヲ以テ改ムベシ。尚怪キ時ハ其主人ヲ尋テ其主人へ引渡スベシ。又其義ニ及バズ決定怪キ者ト思フ時ハ、速ニ召捕ベシ。是ハ廻番ノ輩ノミニ限ラス誰ニテモ此心得ナルベシ。

一　相図

昼夜時之鐘

敵攻寄時之早鐘

早鐘鳴ル時ハ虎口受取之物主ハ受取之門内武者溜へ人数ヲ揃へ平ヲ持輩ハ各持場之屏裏へ集リ遊軍ハ二三之丸之門内武者溜リ空地ニ寄場ヲ兼テ定置其所々へ集ルベシ。遊軍ノ多少ニ随テ二所三所ニモ方角ヲ分テ定置ベシ。旗本組ノ輩ハ本丸ノ内ヨリ本丸門外馬溜迄出勢ノ次第ヲ追テ集ルベシ。

一　火事之時早鼓

早太鼓鳴ル時諸勢急速番之者寄場へ集リ不意ニ敵寄未防ヲ成スベシ。出火其手之火消番集リテ消留ヘシ尚消ザル時ハ遊軍之火消番ヲ差加ヘテ消サシムベシ。尚イマタ消ズシテ大火ニナル時ハ諸手悉ク持口へ集リテ不意ヲ守ルベキ也。

後説曰敵寄時早鐘火事之時早太鼓ト云事尚将之好ニ従テ必トスベカラズ。

一　火事之早太鼓ハ大城ニテハ諸方へ聞兼ル事有然ル時ハ便宜ニ随テ三四ケ所ニモ場ヲ極テ太皷之相図ヲ成ベシ。

又火事番之乎ニテ銅羅ヲ鳴シ其辺ヨリ段々ニ伝テ銅羅ヲ鳴シ知ラシムベシト云々。

一　出勢之時一二三之貝

旗本出勢之事有時本丸ニテ合貝ニテ三段之相図ヲ成シ諸士兼テ定置立場へ集ル也。

諸手物主等ノ出勢人数ヲ集ル合図ハ拍子木銅羅ノ類本丸相図ト紛レザル物ヲ用ユベシ。

一　防戦大意

篭城シテ強勢ヲ顕スヘカラス。静マリテ城中ノ物色城外ヨリ察セラレザル様ニスヘキ事第一也。城中騒鋪物色発露ナル時ハ彼其處ニ乗シテ謀ヲ設ル也。城中ハ深キ淵ヲ見ル如クニ持ナスベシ。

一　寄手ヨリハ必城兵ヲ引出シテ取テ返シテ付入ニセントシ、或ハ城兵ヲ遠ク引出シ他ノ攻口ヨリ其虚ニ乗シテ急ニ乗取等ノ謀ヲナス故ニ、城際ニ攻来ル敵ヲ追立ルトモ追討一町ニ過ベカラス。

一　篭城ハ城外ニ味方ナクテハ運ヲ開キ難シ。第一敵中へ間者ヲ入寄手之内ニ裏切アル由風説ヲナシ諸人ノ心安カラサル如クシ、或郷人等ニ兵士ヲ添テ始ヨリ便宜ノ山中抔ニ陰置寄手へ夜討朝駈ヲナシ、或ハ敵ノ糧道ヲ絶ナドシ彼退屈シテ早ク引取様ニ策ヲメグラス。

一　仕寄攻ニシテ攻寄ル時、不功ナル手へ不意ニ切テ出、突立テ竹束ヲ捲リ取或ハ焼捨ベシ。又井楼築山竹束等大筒ヲ以テ崩スベキ也。

一　敵俄攻ニスル時ハ先其方ノ鉄砲ヲ頻ニ放テ猶退カザル時ニハ、遊軍ヲ増加ヘテ益急ニ放スベシ。向ヨリ打ンヨリハ横ニ搏ニ利アリ。横ニ打ンヨリハ敵ノ蟻附シタル後勢ヲ打崩ニ甚利アリ。敵猶進ンテ屏ヲ乗越ントスル時ハ、走矢倉ニ上テ鎗長刀ニテ突落シ、切落スベシ。

或説ニ人ノ覗タル跡ノ矢間ヲ覗ベカラス。始ニハ苦シカラス後ニハ敵ヨリ覘居テ覗所ヲ搏事アリ。

一　城中鉄砲ハ長筒ヲ用ユベシ長九尺許是ヲ矢間筒ト云。長キ筒程玉業強キ故也。凡城中ノ飛道具ハ弓ニ利有鉄砲ハ竹束ニテ仕寄楯ヲ以テ寄ル時ハ向矢キカス故利ナシ。又矢間筋シタル時鉄砲ハ煙残テ矢間ヲ閉ラル、モノナリ。或説ニ櫓ノ矢間ハ窓一ツニ三人掛也一人ハ窓蓋ヲ開キ一人ハ鉄砲ヲ打一人ハ玉ヲ込玉一ツ搏テハ窓蓋ヲロシ々スル也ト云々。

一　櫓ヨリ大筒搏台筒先ノ方ハ角木ヲ横ニシテ手前ハ土俵ヲ置筒ヲノセ乗合ヲ考ヘテ竹束ヲ搏也。

一　城中弓射様ハ屏裏ニ居テ繰矢ニ射出竹束ノ上ヨリ落掛ル様ニ射ルナリ。矢間ヨリ射出スモノニハ非ズ矢間ヨリハ繰矢ノ落掛ル遠近ノ法《の》リヲ見テ其心得ヲシテ繰掛ケルナリ。落箭ニナリテハ業一入強ク上ヨリ降下ル如クナル故敵モ其防如何トモシガタシ。是矢間裏ノ弓射様ト云テ甚大利アル事也。近世ハ取矢テ知ル人ナシ甚秘蔵スヘキ事也。大坂ノ冬陣ニ城中ヨリ射出シタル矢堀ノ水ニ浮テ漂ヒ居タルヲ見テ不功ナル弓ノ射様ナリトテ古士笑タリサマヨリ、射出故届カズ。矢堀ニ落テ浮タリ、クリ矢ナレハ必立モノナリ。繰矢ノ落カヽル時業強キ事常ニ試テモ知ベシ。

一　城外ヘ人衆ヲ出ス時二ノ門ヨリ升形ヘ繰出シ二之門ヲ閉テ偖一之門ヲ開テ突出ル也。又城外ヨリ人衆ヲ入ル時一之門ヲ開置升形ヘ繰入、一之門ヲ閉人ヲ改テ後ニ二之門之潜戸ヲ開テ入ルナリ。慶長五大津城ニテ赤尾伊豆三之丸ヨリ二之丸ヘ引取時二之丸之門役由井小斉ガ門ヲ早ク閉テ伊豆其外殿ノ者四五人立出ス敵猶予シタル内ニ又扉ヲ開キ伊豆ヲ招入伊豆我等ヲ捨殺サントシタルハ卒忽ナル見切ナリト怒ル。小斉ガ曰ク、人ハ軽ク城ハ重シ少々ノ人ヲ助ントテ城ノ危ニハ替難シ、敵追スガウテ付入ニセンガ難義サニ、敵間ヲ見計テ門ヲ打タリ。上六条合戦之時、武者奉行野村越中守ト門役明智十兵衛ト相議シテ味方七人立出タレトモ、野村明智ガ越度トハ成ラズト答ヘシニ伊豆閉口ス。

一　糞拾

人馬之糞尿捨様山城ナラバ搦手ノ谷抔ヘ捨ル。平城ハ川ナド便ヨキ所アリテ味方ノ炊ニナラヌ所アラバ川ヘ流シ捨ベシ。是等ノ作廻成リ難キ所ナラバ城内升形等其外妨ケナキ空地ヲ広ク深ク堀リ置テ捨ベシ。日ヲ経テ土ニ化シテナクナルモノナリ。故ニ小詰ニ取タル城ナリトモ、兼テ糞捨ノ心得ヲナシ片陰ニ屋舗ヲ割余シ空地ヲ設ルモノナリ。

軍歌ニ

門脇ヤ城ノ
内ナル雪陰
ハ、上ヘモ
高ク広クシ
ツラヘ、差
物ヤ大立物
ヲシテ、刀
指テモ用ヲ
カスルセツ
イン。

楠正成銅像　皇居前広場南東部　明治33年　東京美術学校・製作主任　高村高雲（『江戸城のすべて』より）

伏見櫓と十四間多聞　櫓台石垣は寛永６年築造、伏見櫓は京都伏見城から移築とされますが、確かなことはわかりません。

富士見台石垣刻印　慶長11年加藤清正が積みました。築石と詰石がかみ合っています。

付録C　立体視コーナー　1　天主台石垣

B5程度の厚紙を、左右の写真と目の間に立てて、じっと見続けて下さい。二枚の写真が近寄って重なり、浮き上って立体視になります。二枚の写真が平らになるように開いて下さい。

天守台石垣　南西隅角部　花崗岩切石積み　谷目地（俗称笑い合端）　小たたき仕上げ

立体視コーナー　2　平川門橋

高石垣

高さ一二間（二一・六m）以上の石垣を高石垣と言いますが、水際からではなく濠底の根石（基礎石）からの高さです。江戸城では本丸の東面（白鳥濠）・北面（平川濠・乾濠）・西面（蓮池濠）にあります。何れも第二次天下普請（慶長十一年正月命令）の二月に、摂津の御影から花崗岩の大石を調達します。御影石とも言い硬質で白色の美しく加工し易い最適の石材ですがどこに用いたのでしょう。本丸東面説がありますが、見当たりません。あるのは北面の隅角部と西面の富士見多聞台をはじめとする隅角部（出角・算木積み）と一部築石（平石）です。

4は3の右角のアップですが、花崗岩が目立ち、きれいで力強さを主張しています。

3　本丸西面富士見多聞（御休息所前多聞）台石垣
左右出角の中央縦に花崗岩

3　江戸城富士見櫓

4　富士見多聞台石垣
右出隅の花崗岩算木積みで、長い角石です。

神田神社と平将門

創建は天平二年（七三〇）、武蔵国豊島郡芝崎村神田台の地でした。延文年間（一三五六～六一）二世遊行《ゆぎょう》上人が再興して境内に平将門慰霊のため将門社を建て（現在地）、また社傍に草庵を営んで芝崎道場と呼びました。慶長八年（一六〇三）家康が駿河台に移して社領三〇石を寄進し、元和二年（一六一六）さらに現在地に移されました。

旧称神田大明神はそのまま用い、江戸ッ子の気風を表した神田祭は、現在五月十五日に行われています（『神社』岡田米夫）。

1　都旧跡　将門塚碑

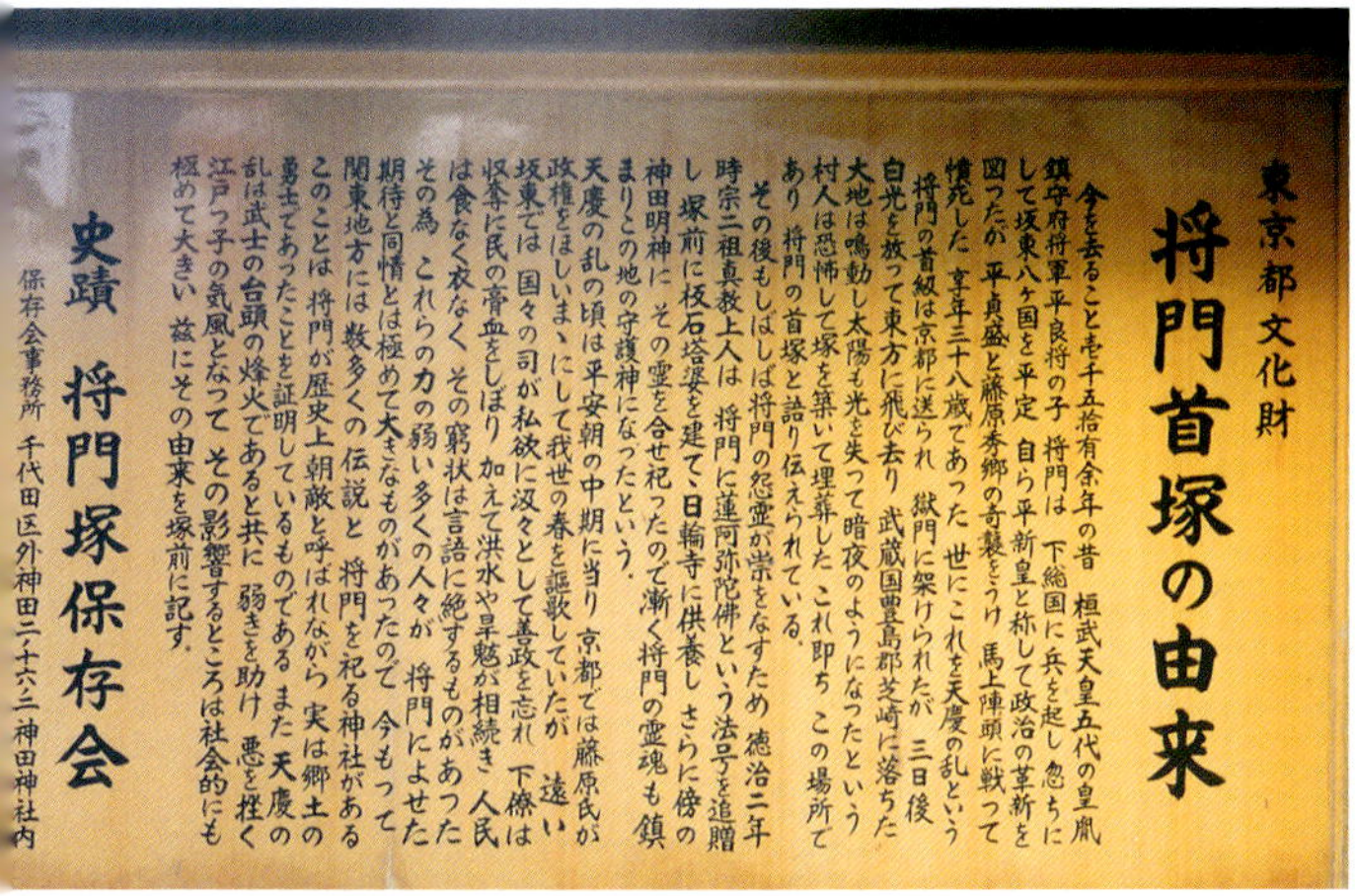

2　将門首塚の由来

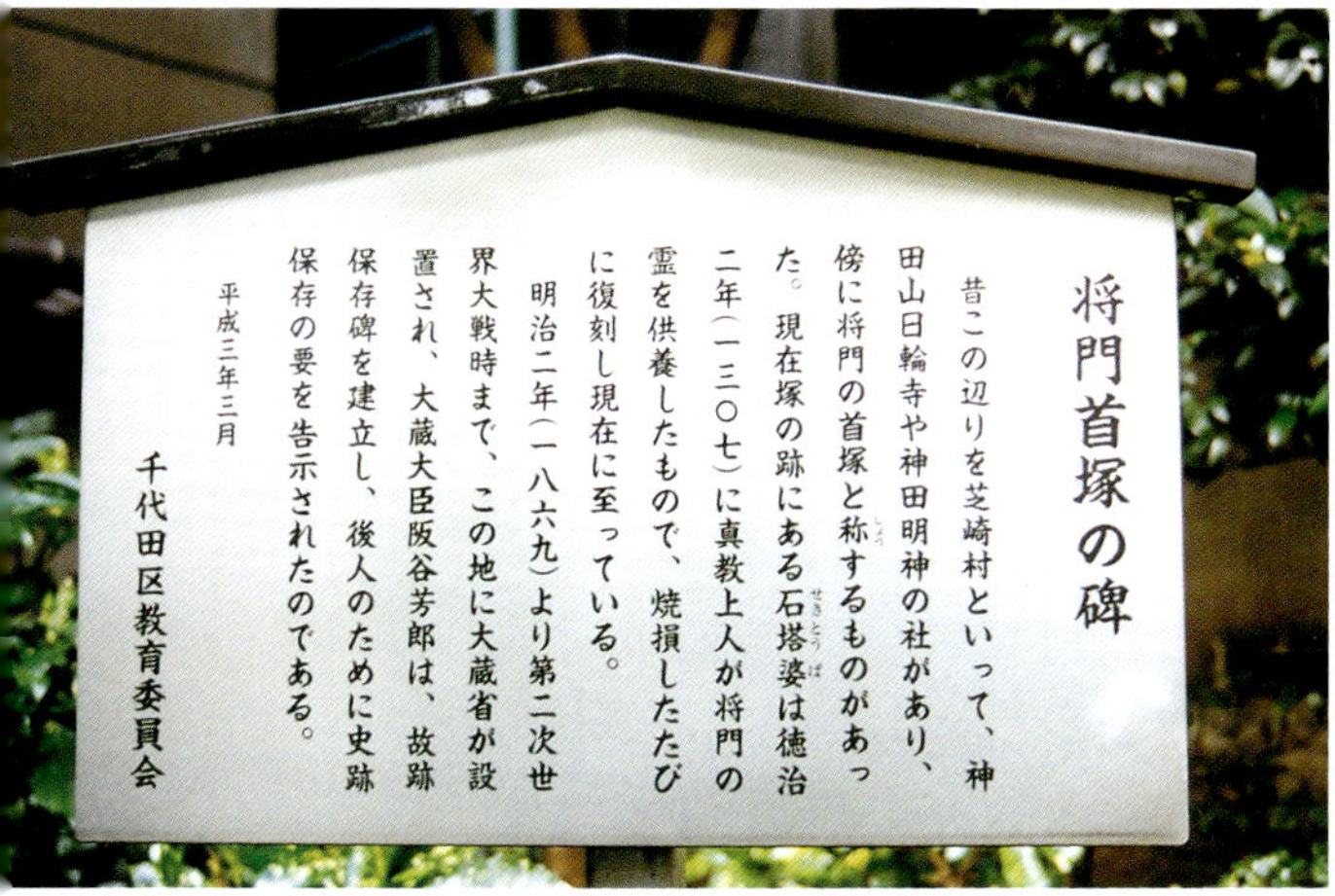

3　将門首塚の碑

立体視コーナー

立体視コーナー　4　梅林坂石垣

立体視コーナー　5　和田倉橋

参考・引用文献（本文では書名のみを記しますので、照合下さい）

註1東京市史稿　皇城編　第壱・第弐　明治四十四年　東京市役所
註2史蹟写真　江戸城の今昔　昭和三年　光文堂
註3大東京写真案内　昭和八年　博文館新社
註4千代田城　岩波写真文庫58　一九五二年　岩波書店
註5石積の秘法とその解説　大久保森造　昭和三十三年
理工図書株式会社
註6皇城　昭和三十四年　中島卯三郎　雄山閣
註7千代田区史　上巻・中巻　昭和三十五年　千代田区役所
註8江戸城とその付近　豊島寛彰　昭和三十五年　虹書房
註9皇居　昭和三十七年　入江相政　保育社
註10江戸城　一九六四年　村井益男　中央公論社
註11建築用語図解辞典　橋場信雄　一九七〇　理工学社
註12江戸と江戸城　昭和五十年　鈴木理生　新人物往来社
註13日本の城の基礎知識　井上宗和　昭和五十三年　雄山閣
註14日本城郭大系　東京・埼玉の城郭　昭和五十四年　新人物往来社
註15国史大辞典　第2巻　江戸城　昭和五十五年　吉川弘文館
註16江戸城三十六見附絵図集成　昭和六十年　井上宗和
新人物往来社
註17城と館　復元日本大観　内藤昌　昭和六十三年　世界文化社
註18石垣普請　一九八七　北垣聰一郎　法政大学出版局
註19観古図説　城郭之部　平成二年　蜷川親正　中央公論美術出版社
註20幻の江戸百年　一九九一年　鈴木理生　筑摩書房
註21写真で見る江戸東京　一九九二年　芳賀徹　岡部昌幸　新潮社
註22江戸図屏風をよむ　一九九三年　小沢弘　丸山伸彦
河出書房新社
註23牛込御門外橋詰　一九九四年
地下鉄7号線溜池駒込間遺跡調査会
註24赤坂御門喰違土橋　一九九五年
地下鉄7号線溜池駒込間遺跡調査会
註25城の日本史　内藤昌　一九九五年　角川書店

註26城と石垣の歴史　平成七年　鈴木啓　纂修堂
註27江戸城　一九九五年　学習研究社
註28織豊城郭　第3号　織豊城郭の石垣　一九九六年
織豊城郭研究会
註29市谷御門外橋詰　第一分冊　一九九六年
地下鉄7号線溜池駒込間遺跡調査会
註30四谷御門外橋詰・御堀端通ノ町屋跡　一九九七年
地下鉄7号線溜池駒込間遺跡調査会
註31溜池遺跡　第一分冊　一九九七年
地下鉄7号線溜池駒込間遺跡調査会
註32もののふ集う東国の城2　関東　平井聖　平成九年　毎日新聞社
註33将軍の城　江戸城のすべて　一九九七年　新人物往来社
註34旧江戸城写真帖解説　平成十年
千代田区四番町歴史民俗資料館編
註35皇居参観　平成十一年　社団法人日本老壮福祉協会
註36城の鑑賞基礎知識　三浦正幸　一九九九年　至文堂
註37江戸城外堀物語　北原糸子　一九九九　ちくま新書
註38織豊系城郭の形成　千田嘉博　二〇〇〇年　東京大学出版会
註39江戸城の考古学　二〇〇一年　千代田区教育委員会
註40石垣秘伝之書　北垣聰一郎　平成十五年
註41稲荷櫓台石垣改修工事報告書　二〇〇三年
佐賀県立名護屋城博物館
註42城と石垣　二〇〇三年　峰岸純夫・入間田宣夫編　高志書院
山梨県埋蔵文化財センター　山梨県
註43石垣が語る江戸城　野中和夫編　二〇〇七年　同成社
註44よみがえる金沢城　石川県金沢城調査研究所　平成二十一年
註45土木史研究第一七号　新谷洋二・岡松泰弘　一九九七年
註46土木史研究第一八号　岡松泰弘・新谷洋二　一九九八年
註47金沢城研究　創刊号　江戸城天守台普請の原風景　二〇〇三年
註48金沢城石垣構築技術史料Ⅱ　二〇一一年
石川県金沢城調査研究所

あとがき

私が江戸城に関心をもつようになったきっかけは、『岩波写真文庫58　千代田城』を見て以来です。一九五二年四月一日発行ですから、ちょうど六〇年前になります。石垣を焦点化した本をまとめたいと、密かに決めたことが今何とか形になりました。

いっぽう城の石垣に関心をもったのは、一九七八年十一月十二・十三日、北垣聰一郎先生（神戸市在住・現石川県金沢城調査研究所名誉所長）に梁川城本丸跡の野面積みの豪快な石垣についてご指導をいただいたときからです。このとき穴太流石垣に惹かれ、最後の穴太衆と言われる滋賀県大津市坂本穴太の粟田万喜三氏宅を訪問しました。氏の言「早く石の言う声を聞きて据え付けよ。どんな石でも必ず座っていい場所がある」に、教員の私は蓋し名言と感銘して、生徒指導に微力を注いだつもりです。

南奥の福島県は坂東（関東）との境にあり、「坂東の安危此の一挙にあり、将軍宜しく之を勉むべし（桓武天皇詔）」の如く、古代には坂東を蝦夷から守るのが目的でした。近世には北の外様大藩から、江戸城を守るため、福島県には一三〜一五藩と代官領一六（陸奥では福島県のみ）が配置されました。蒲生氏郷が会津藩主に任じられたときには、領内に一四の支城があり、豊臣の城の標識となる石垣がありました。

さらに同様の石垣が遺存するのは、若松・猪苗代・津川・鴨山・白河・長沼・三春・守山・二本松・梁川・白石・中山の一二城です。なかでも鴫山城大門台石垣は、粟田万喜三氏の家業である穴太流で修築された北限の石垣です。

3・11の東日本大震災では、仙台城（仙台市）・白石城（白石市）・中村城（相馬市）・平城（いわき市）・若松城（会津若松市）・二本松城（二本松市）・白河小峰城（白河市）・棚倉城（棚倉町）の石垣が、大規模に或いは小規模に崩壊・変形しました。一九九九年発足した北日本近世城郭検討会では、今こそ出番と会員一同活動を開始しました。

東日本大震災で被災した城郭石垣の遺構の復旧と復興まちづくり支援を目的にしています。各自治体自らでは実施困難な石垣などの被災状況を、現地調査などによって把握し、今後の復旧に向けた基礎的調査を行い、城郭を核とした復興まちづくりの支援を、文化庁の補助事業として実施しました。

石の文化はギリシャやローマ中心の文化で、アジアは木の文化とされますが、江戸城をはじめとする日本の城郭石垣文化を見直す必要があります。昭和三十一年秋、東京都は、長禄元年（一四五七）太田道灌の築城を開都ととらえ、盛大に開都五〇〇年の祭典を催しました。平成二十九年は五六〇年にあたりますので、また開都祭が期待されます。江戸城は特別史跡の指定ですので、将来は皇居東御苑の石垣をテーマにした世界遺産も期待されます。関係機関・部署の起動を、心から願っております。

著　者　略　歴
鈴木　啓（すずき　けい）
現住所〒960－8254　TEL　024－558－7036
福島市南沢又字松北町２丁目11－６

職　歴

昭和７年　福島県南相馬市小高区生まれ
昭和30年　福島大学学芸学部卒業
昭和30年～福島県立耶麻高等学校（現西会津高等学校）・同福島工業高等学校・同福島女子高等学校教諭
昭和43年　福島県教育庁社会教育課入庁
昭和57年　同文化課文化施設整備室主幹・福島県立博物館初代学芸課長
昭和63年　福島県立新地高等学校・同二本松工業高等学校校長
平成４年　定年退職
平成11年　北日本近世城郭検討会長
平成15年　福島県考古学会長
平成19年　同顧問

表彰歴

平成８年『城と石垣の歴史』福島民報出版文化賞
平成14年　勲四等瑞宝章

出版歴

昭和57年『郷土史事典福島県』　誉田宏・鈴木啓共編　昌平社
平成５年『福島の歴史と考古』　纂修堂
平成７年『城と石垣の歴史』　纂修堂
平成14年『ふくしまの城』　歴史春秋社
平成21年『南奥の古代通史』　歴史春秋社

図説　江戸城の石垣

平成二十五年六月十五日発行

著　者　鈴木　啓
発行者　阿部隆一
発行所　歴史春秋出版株式会社
〒965－0842
福島県会津若松市門田町中野大道東八－一
印　刷　北日本印刷株式会社